Sūtra vom Goldenen Licht

Sūtra vom Goldenen Licht

Der Titel in indischer Sprache:

Ārya-suvarṇaprabhāsottama-sūtrendra-rāja-nāma-mahāyāna-sūtra

Der Titel in tibetischer Sprache:

Phags.pa gser.'od dam.pa mdo.sde'i dbang.po'i rgyal.po zhes bya.ba theg.pa chen.po'i mdo

Der Titel in deutscher Sprache:

Das Ārya Mahāyāna Sūtra vom Heiligen Goldenen Licht, das man den mächtigen König der Sūtras nennt

Herausgeberin: Birgit Schweiberer

Diamant Verlag München

Bibliografische Information der Deutschen Bibliothek
Die Deutsche Bibliothek verzeichnet diese Publikation in der Deutschen Nationalbibliografie; detaillierte bibliografische Daten sind im Internet über http://dnb.ddb.de abrufbar.

Übersetzung aus dem Tibetischen: Birgit Schweiberer mit Cornelia Krause

ISBN 3-9810682-2-X
ISBN 978-3-9810682-2-1

1. Auflage 2006

Layout: Traudel Reiß
Umschlaggestaltung: Jörg Hoffmann
Bild auf der Titelseite: mit freundlicher Genehmigung von Lilian Too
Druck: Druckerei Pohland, Augsburg

Inhalt

Vorwort von Kyabje Lama Zopa Rinpoche 7

Das Sūtra

1. Einleitung 11
2. Die Lebensspanne des Tathāgata 17
3. Das Traumgesicht 29
4. Das Bekenntnis 31
5. Quelle von Lotusblumen 51
6. Leerheit 59
7. Die Vier Großen Könige 67
8. Sarasvatī 99
9. Die Große Göttin Śrī 109
10. Die Erdgöttin Dṛḍhā 115
11. Saṃjñāya 123
12. Eine königliche Abhandlung über die Pflichten göttlicher Herrscher 127
13. Susaṃbhava 141
14. Zuflucht der Yakṣas 149
15. Die Prophezeiung für die zehntausend Söhne der Götter... 163
16. Das Heilen von Krankheiten 169

17 Wie Jalavāhana die Fische zähmte 177
18. Die Hingabe des Körpers an die Tigerin 189
19. Lobpreis aller Bodhisattvas 215
20. Lobpreis auf alle Tathāgatas 219
21. Bodhisattvasamuccayā 223
Bibliografie 227
Zur deutschen Übersetzung 229
Anmerkungen 235

Vorwort
von Kyabje Lama Zopa Rinpoche

Buddha Śākyamuni, in seiner großen Güte und Barmherzigkeit, lehrte das Sūtra vom Goldenen Licht. Es bringt grenzenlosen Segen für die Welt und den Weltfrieden und für jeden, der auch nur einen Teil dieses Textes liest – den ganzen Himmelsraum voll Segen!

Dieser Text ist außerordentlich kostbar. Er bringt Frieden und Glück. Er bringt unermesslichen Schutz für ein Land, da er große Kraft hat, Gewalt und dergleichen zu verhindern. Wenn man diesen Text hört, wird das eigene Karma bereinigt.

Der Text mehrt Erfolg. Besonders politischen Führungspersönlichkeiten, Königen oder Präsidenten, verleiht er Erfolg darin, Menschen in ethischem Verhalten, das heißt auf dem Weg zum Glück, anzuleiten. Wenn Schwierigkeiten auftreten – sei es, dass ein Mensch im Sterben liegt oder bereits verstorben ist, wenn sich die Devas gegen einen gewandt haben und man in nichts richtig Erfolg hat, wenn die Freunde, die Lieben, der Ehemann, die Ehefrau, Familienmitglieder oder gar Untergebene schon aufgrund nichtiger Worte ungehalten sind, wenn der Wohlstand sinkt oder man Schaden durch schwarze Magie oder Geister erfährt, wenn Alpträume oder andere Schrecknisse das Leben erschüttern, dann sollte man sich waschen, saubere Kleider anlegen und mit friedlichem Geist der Übertragung dieses Textes zuhören. Dann werden sich alle Probleme lösen. Jeder, der dieses Sūtra hört, schafft viel Verdienst und genießt die außerordentliche Bewunderung der Buddhas.

Wird dieses Sūtra an irgendeinem Ort gelehrt, so profitiert das ganze Land davon. Der König des Landes wird nicht angegriffen, Krankheiten werden geheilt, jedermann wird zufrieden und das Land harmonisch werden. Zur rechten Zeit wird Regen kommen, und jeglicher Wohlstand wird sich einstellen. Es wird keine Streitigkeiten geben, der König wird Religionsfreiheit gewähren und wird immer von den Devas beschützt werden. Es ist besonders gut, dieses Sūtra an Orten zu lesen, wo es viel Kampf und Gewalt gibt.

Jeder, der diesen Text auswendig lernt, ihn bewahrt oder in irgendeiner Form zu ihm beiträgt, wird alle weltlichen Wesen überragen, und alle seine Wünsche werden ihm erfüllt werden. Der Buddha nahm die vier Weltbeschützer in die Pflicht, diesem Text Gaben darzubringen, ihm zu dienen und immerdar jene Menschen zu beschützen, die ihn auswendig lernen oder auch nur lesen. Die vier Beschützer versprachen, dass sie jenen Schutz gewähren würden, die diesen Text lesen, dass sie ihnen helfen und alle ihre Wünsche erfüllen würden.

Lernt man diesen Text auswendig oder bringt ihm Gaben dar, so ist es, als würde man dem Buddha unvorstellbare Gaben darbringen. Diejenigen, in deren Ohr diese heiligen Worte gesprochen werden, befinden sich von da an unumkehrbar auf dem Weg zur Erleuchtung. Ihre Leben werden immerfort auf die Erleuchtung ausgerichtet sein, und sie werden niemals zurückfallen. Es gibt keinen Zweifel an diesen Ergebnissen, wenn jemand den Text gar auswendig lernt. Die Göttin Śrī versprach dem Buddha, sie werde den Mönch beschützen, der diesen Text rezitiert, und er werde alles erhalten, was er braucht: Wohlstand, einen stabilen Geist und so weiter. Jeder, der auch nur versucht, diesen Text zu lesen oder zu verstehen, wird für hundert Milliarden Äonen das Glück und das Wohlergehen von Devas und Menschen erfahren. Diese Wesen werden Ruhm erlangen und vollkommene Ernten und sie werden Buddhaschaft erlangen. Die Erdgöttin wird mit Gewissheit helfen, wenn auch nur ein Kapitel oder der Name eines Bodhisattva erwähnt wird. Die Erdgöttin Dṛḍhā wird diejenigen beschützen, die auch nur einen einzigen Vers von vier Wörtern lesen und versuchen, ihn zu verstehen, und sie wird ihre Wünsche erfüllen. Wenn Wesen auch nur einen einzigen Vers des Sūtra hören, werden sie niemals in die niederen Bereiche fallen. Die Erdgöttin sagte dem Buddha, dass eine Person, selbst wenn sie auch nur einen einzigen Vers, nur ein einziges Wort aus diesem Sūtra hört, im Bereich der Devas wiedergeboren werde. Weiterhin sagte die Erdgöttin dem Buddha, das negative Karma einer Person, die auch nur einen einzigen Vers, nur ein einziges Wort aus dem Sūtra hört, werde bereinigt, und diese Person werde Erleuchtung erlangen.

Es wäre ausgezeichnet, in Länder zu gehen, in denen viel Blutvergießen stattfindet, und dieses kostbare Sūtra dort hundert oder so viele Male zu lesen, wie man kann. Das wäre sehr wertvoll, sehr heilbringend.

Kyabje Lama Zopa Rinpoche

Im Oktober 2000

Istituto Lama Tzong Khapa

Pomaia, Italien

1. Kapitel

Einleitung

Ich verneige mich vor allen Buddhas der Vergangenheit, Gegenwart und Zukunft, vor den Bodhisattvas, Pratyekabuddhas und edlen Śrāvakas. Das habe ich einmal vernommen: Einst weilte der Tathāgata auf dem Geierberg, in der Dharmadhātu, der tiefgründigen Sphäre des Wirkens der Buddhas.

„Vor makellosen erhabenen Bodhisattvas
soll das vortreffliche Suvarṇabhāsa,
der mächtige König der Sūtras, verkündet sein,
das tiefgründig ist, wenn man ihm lauscht,
und tiefgründig ist, wenn man es überdenkt.

Es wurde von den Buddhas in den vier Richtungen
gesegnet;
von Akṣobhya im Osten,
im Süden von Ratnaketu,
im Westen von Amitābha,
im Norden von Dundubhisvara.[1]

Ich will diese Segnung verkünden,
die treffliche, Glück verheißende Erklärung,
um alles Schlechte zu befrieden,
um alles Böse zu vernichten.

Ein jegliches Glück gewährt sie,
ein jegliches Leid zerstört sie,
Grundlage der Allwissenheit
und wohl versehn mit aller Herrlichkeit.

Die Wesen, deren Sinne erschöpft,
die am Ende des Lebens und schwach sind,
die von Unglück befallen,
mit den Göttern entzweit,
bei Verwandten und Lieben verhasst sind,
die in Knechtschaft leben,
im Streit miteinander,
voll Gram, da ihre Habe dahin ist,
in Kummer und Harm,
in Armut und Furcht,
in Bedrängnis durch Planeten und Gestirn
oder von bösen Geistern besessen,
die vor Kummer böse Träume haben,
solche [Wesen] sollen, gründlich gebadet und rein,
dieses vortreffliche Sūtra hören.

Denn wer dieses Sūtra hört,
die tiefgründige Sphäre des Wirkens der Buddhas,
mit heilsamem Geist und reiner Gesinnung,
in saubere Gewänder gekleidet –

für all diese Wesen
wird durch die Majestät dieses Sūtra
solcherlei unerträgliches Leid
für immer zur Ruhe kommen.

Denn die Weltbeschützer[2] selbst
mit ihren Ministern und Heerführern
und mit zahllosen Millionen von Yakṣas
werden ihnen Schutz gewähren.

Die Große Göttin Sarasvatī,
ebenso [die Göttin], die im [Flusse] Narañjanā wohnt,[3]
Hārītī, die Mutter der Bhūtas,
und die Erdgöttin Dṛḍhā,
der König des Brahma-Reiches und der König der Götter,[4]
die mächtigen Könige der Nāgas,
die Könige der Kiṃnaras und die Könige der Asuras
und ebenso die Könige der Garuḍas:

Sie alle werden mit ihren Kräften,
mit Gefolge und Wagen anrücken,
und sie werden ihnen Schutz gewähren,
unablässig, bei Tag und bei Nacht.

Dieses Sūtra, die tiefgründige Sphäre des Wirkens der Buddhas,
das Geheimnis aller Buddhas,
das schwer zu finden ist gar in Millionen von Äonen[5]
will ich nunmehr ausführlich darlegen.

Wer dieses Sūtra hört,
wer veranlasst, dass andere es hören,
wer sich an ihm erfreut
oder ihm Verehrung erweist,
wird für Millionen von Äonen
von zahllosen Göttern und Nāgas,
von Menschen, Kiṃnaras,
Asuras und Yakṣas verehrt werden.

Wesen, die ohne Verdienst sind,
wird eine unermessliche,
unbegrenzte, unvorstellbare
Menge von Verdiensten erwachsen.

Von den vollkommen erleuchteten Buddhas der zehn Richtungen
und auch von den Bodhisattvas
mit ihren tiefgründigen Aktivitäten
werden sie beschützt werden.

Ist einer sauber und mit Kleidern wohl angetan,
in duftende Gewänder gekleidet,
so soll er Liebe im Geist erzeugen,
und er soll dieses Sūtra ohne Ablenkung verehren.

Er soll diesem heiligen Sūtra
mit reinem Geist
und weitem Sinn
voll Vertrauen lauschen.

Wer dieses heilige Sūtra hört,
ist unter den Menschen willkommen,
er wird eine gute menschliche Existenz erlangen
und ein glückliches Leben führen.

Jene, an deren Ohr
diese Erklärung dringt,
werden ihre Tugendwurzeln läutern,
und zahlreiche Buddhas werden sie preisen.“

[So endet] das erste Kapitel, die „Einleitung“, im vortrefflichen Suvarṇabhāsa, dem mächtigen König der Sūtras.

2. Kapitel

Die Lebensspanne des Tathāgata

Weiter hielt sich damals, zu jener Zeit, in der großen Stadt Rājagṛha der Bodhisattva Mahāsattva Ruciraketu auf, der Tugendwurzeln gepflanzt hatte, indem er viele Hunderttausende von Millionen von Buddhas verehrt hatte. Dem kam nun das Folgende in den Sinn: „Aus welchem Grund, durch welchen Umstand wohl hatte der Bhagavan Śākyamuni eine solch kurze Lebensspanne von nur etwa achtzig Jahren?" Und weiter kam ihm das Folgende in den Sinn: „Der Bhagavan hat doch gesagt: ‚Zwei Ursachen, zwei Umstände gibt es für ein langes Leben. Welche sind diese beiden? Das Aufgeben von Töten und das Darbringen von reichlichen Speisen.' Nun hat aber der Bhagavan Śākyamuni seit vielen Hunderttausenden von Millionen von unermesslichen Weltzeitaltern das Töten aufgegeben. Nicht nur hat er sich an die Pfade der zehn heilsamen Handlungen[6] gehalten, auch hat er den Wesen Nahrung gespendet und innere und äußere Objekte. Wenn er hungrige Wesen gar mit Fleisch, Blut, Knochen und dem Mark seines eigenen Körpers gesättigt hat, um wie viel mehr mit anderen Speisen!"

Während nun dieses heilige Wesen mit solcherart Überlegungen über den Buddha nachdachte, da wurde sein Haus weit und geräumig, ganz und gar aus blauem Lapislazuli, mit zahlreichen himmlischen Juwelen geschmückt, eine Verwandlung durch den Tathāgata, und es ward erfüllt von Wohlgerüchen, welche die der Götter übertrafen.

Und in den vier Richtungen des Hauses erschienen vier Throne aus himmlischen Juwelen. Und darauf erschienen kostbare Kissen aus himmlischen Stoffen, mit Juwelen geschmückt. Und auf den Kissen erschienen himmlische Lotusblumen, die mit zahllosen Edelsteinen besetzt waren, in der Farbe der Tathāgatas. Und auf diesen Lotusblumen erschienen vier Bhagavan Buddhas. Im Osten erschien der Tathāgata Akṣobhya. Im Süden erschien der Tathāgata Ratnaketu. Im Westen erschien der Tathāgata Amitāyus. Im Norden erschien der Tathāgata Dundubhisvara.

Und als diese Bhagavan Buddhas auf den Löwenthronen erschienen waren, da wurde die große Stadt Rājagṛha von einem großen Licht erfüllt. Bis hin zum großen Tausend des *Dreitausend-große-Tausend-Weltsystems*[7], den Weltsystemen in allen zehn Richtungen und so vielen Weltsystemen aller zehn Richtungen wie Sandkörner im Fluss Ganges [war alles von Licht durchdrungen].

Und es regnete himmlische Blumen herab. Himmlische Musikinstrumente erklangen. Und alle Wesen in diesem *Dreitausend-große-Tausend-Weltsystem* wurden durch die Kraft des Buddha von himmlischer Freude erfüllt. Wesen, deren Sinne unvollständig waren, erlangten vollständige Sinne. Wesen, die von Geburt an blind waren, sahen Formen mit ihren Augen. Taube hörten Klänge mit ihren Ohren. Wesen, deren Geist verwirrt war, erlangten Achtsamkeit[8], und Wesen, deren Geist zerstreut war, waren nicht länger geistig zerstreut.

Nackte Wesen wurden in Gewänder gekleidet. Den Hungrigen ward der Magen gefüllt. Den Durstigen ward der Durst gelöscht. Wesen, die von Krankheit heimgesucht waren, wurden von ihrer Krankheit geheilt, und Wesen, deren körperliche Organe geschädigt waren, erhielten gesunde Organe. Und in der Welt trat eine große Zahl erstaunlicher wunderbarer Phänomene auf.

Als nun der Bodhisattva Ruciraketu diese Bhagavan Buddhas sah, da staunte er. Erfüllt, froh und entzückt, voller Freude und Glück brachte er mit aneinander gelegten Handflächen seine Verehrung in die Richtung dar, in welcher die Bhagavan Buddhas sich befanden. Und während er sich diese Bhagavan Buddhas vergegenwärtigte, während er der Vorzüge des Bhagavan Śākyamuni gedachte, da zweifelte er bezüglich der Lebensspanne des Tathāgata Śākyamuni, und während er so verharrte, dachte er bei sich: ‚Wie ist das nur möglich? Wie kann es nur sein, dass der Tathāgata Śākyamuni eine solch kurze Lebensspanne von nur achtzig Jahren hatte?‘ Da aber sprachen diese Bhagavan Buddhas, wissend und seiner Gedanken gewärtig, zum Bodhisattva Ruciraketu: „Denke nicht, edler Sohn, dass die Lebensspanne des Tathāgata Śākyamuni so kurz war. Und warum ist das so? Edler Sohn, wir sehen niemanden in der Welt mit ihren Göttern, Māras, Brahmas, unter den Śramaṇas und Brahmanen, den Göttern, Menschen und Asuras, der in vollem Umfange imstande wäre, die Grenzen der Lebensspanne des Bhagavan, des Tathāgata Śākyamuni, zu erkennen, außer den Tathāgatas, Arhats, den ganz und vollständig Erleuchteten."

Sobald nun die Bhagavan Buddhas diese Erklärung bezüglich der Lebensspanne des Tathāgata hatten verlauten lassen, kamen durch die Macht des Buddha die Devaputras herbei, welche im Bereich der Begierde und im Bereich der Form residieren, einschließlich der Nāgas, Yakṣas, Gandharvas, Asuras, Garuḍas, Kiṃnaras und Mahoragas, und zahlreiche Hunderttausende von Millionen von Bodhisattvas, und versammelten sich im Hause des Bodhisattva Ruciraketu. Alsdann verkündeten jene Tathāgatas der ganzen Versammlung die nachstehende Erklärung zur Lebensspanne des Bhagavan Śākyamuni mit den folgenden Versen:

„Die Tropfen Wassers aller Meere
vermag man wohl zu zählen,
doch das Leben des Śākyamuni
vermag niemand zu zählen.

Alle Teilchen der Sumeru-Berge[9]
vermag man wohl zu zählen,
doch das Leben des Śākyamuni
vermag niemand zu zählen.

Wie viele Teilchen die Erde hat
vermag man wohl zu zählen,
doch das Leben des Überwinders
vermag niemand zu zählen.

Wollte man den Himmelsraum vermessen,
so wäre das wohl möglich,
doch das Leben des Śākyamuni
vermag niemand zu messen.

Man mag wohl sprechen von der Zeit,
in der der vollkommene Buddha im Daseinskreislauf
verweilt,
viele Äonen, Hunderte von Millionen Äonen,
das Maß [seines Lebens] jedoch kann nicht gefunden
werden.[10]

Weil es zwei Ursachen dafür gibt
und desgleichen zwei Umstände,
das Aufgeben von böswilligem Schädigen
und das Spenden von reichlichen Speisen,
ist die Lebensspanne
dieses Edelmütigen
selbst in noch so vielen Äonen,
in zahllosen Äonen nicht zu ermessen.

Daher sei ohne Zweifel,
hege nicht den geringsten Zweifel:
Was die Grenzen des Lebens des Jina betrifft,
so kann kein Maß gefunden werden."

Zu jener Zeit, in jener Versammlung, erwies nun der Gelehrte und Lehrer mit Namen Kauṇḍinya, ein Brahmane, zusammen mit zahllosen Tausenden von Brahmanen dem Bhagavan seine Verehrung, und nachdem er die Worte vom großen

Parinirvāṇa[11] des Tathāgata vernommen hatte, fiel er dem Bhagavan zu Füßen und sprach zum Bhagavan:

„Wenn der Erhabene fürwahr großes Mitgefühl hat, wenn er großes Erbarmen mit allen Wesen hat, wenn er ihr Wohl will, wie Vater und Mutter aller Wesen, der dem Unvergleichlichen gleiche, dem Monde gleicher Lichtspender, wie die große aufgehende Sonne von Wissen und Weisheit, wenn er auf alle Wesen sieht wie auf [seinen Sohn] Rāhula, so gewähre er mir eine Gunst." Der Bhagavan aber verharrte in Schweigen.

In jener Versammlung fasste sich da durch die Macht des Buddha ein junger Litsavi, Sarvalokapriyadarśana mit Namen, ein Herz, und sprach zum Gelehrten und Lehrer Kauṇḍinya: „Warum nur, großer Brahmane, ersuchst du den Erhabenen um eine Gunst? Ich selbst will sie dir gewähren!"

Und der Brahmane sprach: „Um den Bhagavan zu verehren, junger Litsavi, begehre ich Staub von einer Reliquie, so groß wie ein Senfkorn, um ihn [an andere] zu verteilen. So hört man: Wenn man eine Reliquie, groß wie ein Senfkorn, verehrt hat, so erlangt man Herrschaft über die Dreiunddreißig Götter.

Höre, Litsavi-Prinz, man sagt, das vortreffliche Suvarṇabhāsasūtra, das so viele Qualitäten und Eigenschaften besitzt, sei selbst für Pratyekabuddhas und Śrāvakas schwer zu verstehen, schwer zu erkennen. Daher, Litsavi-Prinz, ist dieses vortreffliche Suvarṇabhāsasūtra vor allem auch für uns Brahmanen, die wir in Grenzgebieten leben, schwer zu verstehen, schwer zu erkennen.[12] Wir benötigen eine Reliquie, groß wie ein Senfkorn, um sie in ein Kästchen zu legen. Ich bitte dich um diese Gunst, so dass Lebewesen rasch Herrschaft über die Dreiunddreißig Götter erlangen mögen. Warum wohl, Litsavi-Prinz, sollte man keine Reliquie, groß wie ein Senfkorn, erbitten, so dass man, indem man sie in ein Reliquienkästchen legt und dort aufbewahrt, Herrschaft über die Dreiunddreißig Götter für alle Wesen erlangen mag? Also habe ich, oh Litsavi-Prinz, um diese Gunst gebeten."

Da aber antwortete Sarvalokapriyadarśana, der Litsavi-Prinz, dem Gelehrten und Lehrer Kauṇḍinya, dem Brahmanen, in Versen:

„Wenn im Strom der Gangeswasser
einst weiße Lilien sprießen[13],
wenn Krähen rot und Kuckucke
einst muschelschalenfarben sind,

wenn der Rosenapfelbaum
die Frucht der Palme trägt
und Dattelpalmen Mangoblüten,
dann wird es eine Reliquie, groß wie ein Senfkorn,
geben.

Wenn es einst aus Schildkrötenhaar
einen fein gewebten Mantel gibt,
der die Kälte des Winters vertreibt,
dann wird es eine Reliquie geben.

Wenn aus Bienenbeinen einst
ein wohl gebauter Turm errichtet wird,
fest und unerschütterlich,
dann wird es eine Reliquie geben.

Wenn bei allen Egeln einst
scharfe, große, weiße
Zähne sprießen, dann
wird es eine Reliquie geben.

Wenn es aus Hasenhörnern einst
eine wohl gebaute Leiter gibt,
um darauf in die Himmelreiche zu steigen,
dann wird es eine Reliquie geben.

Wenn einst eine Maus
die Leiter erklimmt,
den Mond frisst und Rāhu belästigt,
dann wird es eine Reliquie geben.

Wenn Fliegen, die ein Krüglein Wein getrunken,
im Dorf umherziehen
und in Häusern eine Wohnung nehmen,
dann wird es eine Reliquie geben.

Wenn einst der Esel glücklich wird
und ein Meister im Tanzen und Singen,
mit Lippen rot wie Bimba-Frucht,
dann wird es eine Reliquie geben.

Wenn einst die Eule und die Krähe
in die Einsamkeit ziehen
und dort in Eintracht und in Liebe miteinander leben,
dann wird es eine Reliquie geben.

Wenn einst aus Blättern des Palāśa-Baums
ein fester Schirm aus dreierlei Juwelen
zum Schutz vor Regen wird,
dann wird es eine Reliquie geben.

Wenn große Meeresschiffe einst,
mit Rudern und Segeln gerüstet,
auf dem flachen Lande fahren,
dann wird es eine Reliquie geben.

Wenn Eulenvögel einst
mit dem Gandhamādana-Berg
im Schnabel davonfliegen,
dann wird es eine Reliquie geben."

Als er diese Verse gehört hatte, antwortete der Gelehrte und Lehrer Kauṇḍinya, der Brahmane, Sarvalokapriyadarśana, dem jungen Litsavi, mit folgenden Versen:

„Gut so, gut so, bester Prinz,
Buddha-Sohn, großer Redner,
Held, gewandt in Methoden,
du hast eine vortreffliche Prophezeiung erlangt.

Höre nun, Prinz, bezüglich
der unvorstellbaren Majestät
des Beschützers der Welt,
des Retters, des Tathāgata,
der Reihe nach [die folgende Erklärung]:

Unvorstellbar ist die Buddha-Sphäre
und unvergleichlich sind die Tathāgatas,
alle Buddhas weilen immerdar in Frieden,
alle Buddhas sind vollkommen,
alle Buddhas sind von der gleichen Erscheinung,
das ist die Natur der Buddhas.

Der Bhagavan ist nicht erzeugt,
der Tathāgata ist nicht entstanden,
sein Leib, der hart ist wie ein Vajra[14]
manifestiert seinen Verwandlungskörper.[15]

In dem großen Weisen ist nichts, was man Reliquie nennt,
nicht einmal von der Größe eines Senfkorns.
Wie wird es wohl eine Reliquie geben
in einem Körper ohne Blut und Knochen?

Das Hinterlassen von Reliquien ist eine Methode,
um das Wohl von Lebewesen [zu bewirken].

Der vollkommene Buddha ist der Dharmakāya,
der Tathāgata ist die Dharmadhātu,
so ist der Dharma, den er verkündet,
so ist der Körper des Bhagavan.

Das habe ich gehört und gewusst,
denn die Gunst wurde von mir erbeten,
und das Gespräch wurde von mir angeregt,
nur um der Prophezeiung willen.“

Als die zweiunddreißigtausend Göttersöhne diese tiefgründigen Lehren zur Lebensspanne des Tathāgata gehört hatten, da brachten sie alle den Wunsch nach höchster und vollkommener Erleuchtung hervor. Und hocherfreuten Sinnes, zum Klang einer einzigen Stimme vereint, sprachen sie diese Verse:

„Der Buddha geht nicht in das Parinirvāṇa ein,
und die Lehre geht nicht zugrunde,
nur für die Reifung von Lebewesen
zeigt er Parinirvāṇa.

Der Bhagavan Buddha ist unvorstellbar,
der Tathāgata hat einen ewigen Körper,
nur zum Nutzen von Lebewesen
manifestiert er sich in mannigfaltigen Formen."

Als der Bodhisattva Ruciraketu diese Erklärung zur Lebensspanne des Tathāgata Śākyamuni in der Gegenwart dieser Bhagavan Buddhas und dieser zwei edlen Herren gehört hatte, da war er zufrieden, froh und entzückt, frohlockend, voller Freude und Glück und war erfüllt mit edler Seligkeit. Während diese Lehre über die Lebensspanne des Tathāgata dargelegt wurde, fassten unzählige, unermesslich viele Wesen den Entschluss, vollkommene Erleuchtung zu erlangen. Und die Tathāgatas entschwanden.

[So endet] das zweite Kapitel, „Die Lebensspanne des Tathāgata", im vortrefflichen Suvarṇabhāsa, dem mächtigen König der Sūtras.

3. Kapitel

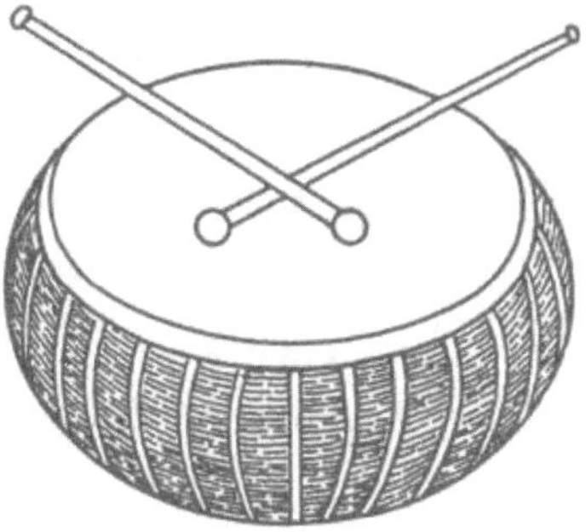

Das Traumgesicht

Dann schlief der Bodhisattva Ruciraketu. Und im Traum sah er eine goldene Pauke, allerwärts leuchtend wie der Strahlenkranz der Sonne. Und in allen Richtungen sah er unzählige, unermesslich viele Bhagavan Buddhas, sitzend auf Thronen von Lapislazuli[16] unter Juwelenbäumen, umgeben von einer Versammlung von zahlreichen Hunderttausenden, der sie den Dharma lehrten. Und er sah einen Mann dort in der Gestalt eines Brahmanen, der die Pauke schlug. Und vom Klang der Pauke hörte er diese und ähnliche Verse der Lehre hervordringen. Als der Bodhisattva Ruciraketu erwachte, da erinnerte er sich dieser Verse der Lehre. Und als er sich ihrer erinnert hatte, da machte er sich auf aus der großen Stadt Rājagṛha, zum Ende der Nacht, mit zahlreichen Tausenden von Wesen. Und er kam zu dem Berg Gṛdhrakūṭa, wo der Bhagavan weilte.

Nachdem er sich mit dem Haupt zu Füßen des Bhagavan verneigt hatte, umwandelte er den Erhabenen dreimal und setzte sich alsdann zur Seite nieder. Zur Seite sitzend verneigte der Bodhisattva Ruciraketu sich mit aneinander gelegten Händen in Richtung des Bahagavan und sprach dann diese Verse der Lehre, wie er sie im Traum vom Klang der Pauke vernommen hatte.

[So endet] das dritte Kapitel, „Das Traumgesicht", im vortrefflichen Suvarṇabhāsa, dem mächtigen König der Sūtras.

4. Kapitel

Das Bekenntnis[17]

Eines Nachts, als alles still war,
da hatte ich einen Traum:
Ich sah eine große glänzende Pauke[18]
mit goldenem Licht überall.

Strahlend wie die Sonne
leuchtete sie allüberall,
und alle zehn Himmelsrichtungen
wurden von ihr erhellt.

Ich sah Buddhas überall,
sitzend unter Juwelenbäumen
auf Thronen von Lapislazuli
vor einer Versammlung von zahllosen Hunderttausenden.

Ich sah einen in der Gestalt eines Brahmanen
eine große Pauke mächtig schlagen,
und als sie von ihm geschlagen wurde,
kamen die folgenden Verse hervor:

,Durch den Klang der Pauke von goldenem Licht
lasst die Leiden in den *Dreifach-Tausend-Welten* erloschen sein,
die Leiden in den elenden Bereichen,
die Leiden des Todes und die Leiden der Armut hier in der dreifachen Welt.

Und mit dem Erschallen des Klanges der Pauke
möge die Dunkelheit der Welt vertrieben sein,
mögen Wesen ohne Furcht sein, frei von Furcht,
so wie die Überwinder[19] ohne Furcht sind, furchtlos.

So wie die mächtigen Überwinder, die alles im Daseinskreislauf kennen,
mit allen edlen Tugenden versehen sind,
so mögen Menschen Meere der Tugenden sein,
versehen mit den Gliedern der Erleuchtung,
wie der Tugend der Konzentration.[20]

Und mit dem Erschallen des Klanges der Pauke
mögen alle Wesen die Stimme Brahmas[21] haben,
mögen sie die höchste Erleuchtung der Buddhaschaft erlangen,
mögen sie das reine Rad der Lehre drehen,

mögen sie unvorstellbare Äonen lang verweilen,
mögen sie den Dharma lehren zum Wohle der Welt,
mögen sie Verblendung[22] zerstören, Leiden beenden,
Begierde vernichten und gleichfalls Hass und Verwirrung.

Mögen die Wesen, die in schlimmen Bereichen hausen,
ihre Körper brennend in loderndem Feuer,
den Klang der Pauke vernehmen,
mögen sie die Worte hören: »Ehre sei dem Buddha«.

Mögen alle Wesen sich ihrer Geburten erinnern,
Hunderter von Geburten, Tausender von Millionen von
Geburten,
stets der Könige der Überwinder gewärtig,
mögen sie ihre mächtigen Worte vernehmen.

Und mit dem Erschallen des Klanges der Pauke
mögen sie stets Gemeinschaft mit den Buddhas finden,
mögen sie schlechte Taten völlig unterlassen,
mögen sie heilsame, gute Taten vollbringen.

Mit diesem Erschallen des Klanges der Pauke
mögen den Menschen, den Göttern,
allen Wesen, die Sehnsucht und Wünsche haben,
all ihre Wünsche erfüllt sein.

Den Wesen, die in grausamen Höllen geboren sind,
ihre Körper brennend in lichterlohem Feuer,
die ohne Zuflucht und von Kummer bedrückt einher
wandern,
mögen die Feuer gelöscht sein.

Den Wesen, deren Leiden heftig und grausam sind,
als Höllenwesen, Geister, in der Welt der Menschen,
mit diesem Erschallen des Klanges der Pauke
möge all ihr Leid versiegen.

Und möge ich für die, die ohne Stütze sind,
ohne Hilfe, ohne Zuflucht,
die Zuflucht, die Hilfe,
die vorzügliche Unterstützung sein.

Mögen die Buddhas, deren Geist von Erbarmen
und von Mitgefühl erfüllt ist, mich hören,
diese Besten der Zweibeinigen,
die in der Welt mit ihren zehn Richtungen weilen.

Und welch unerträgliche, böse[23] Tat
auch je von mir zuvor getan ward,
ich will sie alle vor den Buddhas[24] bekennen.

Was immer an Unrecht ich getan,
indem ich mich nicht um meine Eltern gekümmert,
indem ich die Buddhas vernachlässigt habe,
indem ich die Tugend vernachlässigt habe,

was immer an Unrecht ich getan,
gebläht vom Hochmut der Macht,
vom Hochmut des Reichtums und hoher Geburt,
gebläht vom Hochmut der Jugend,

was immer an Unrecht ich getan,
schlechte Gedanken, schlechte Worte
oder Taten, schlecht vollbracht,
weil ich Schlechtes [als solches] nicht sah,

was immer an Unrecht ich getan
unter dem Einfluss törichten Denkens,
den Geist verdunkelt von Unwissenheit,
unter dem Einfluss schlechter Freunde,

den Sinn von Leidenschaft zerstreut,
durch die Macht des Vergnügens am Zeitvertreib,
von Kummer und Krankheit umgetrieben,
mit Hab und Gütern unzufrieden,

was immer an Unrecht ich getan
durch die Verbindung mit unedlen Leuten,
aufgrund von Neid und Geiz,
durch die Fehler von Armut und Betrug,

was immer an Unrecht ich getan,
in Zeiten, da Not herrschte,
durch die Furcht der Begierden
und besitzlos geworden,

was immer an Unrecht ich getan
unter dem Einfluss eines unsteten Geistes,
unter dem Einfluss von Verlangen und Zorn,
oder geplagt von Hunger und Durst,

was immer an Unrecht ich getan
für Speisen und Trank,
aus Gründen, die Frauen und Kleidung betrafen,
durch vielerlei Qualen der Leidenschaften,

was immer an Unrecht ich getan,
mit Körper, Rede und Geist,
schlechte Taten, angehäuft in dreifacher Weise
und Ähnliches mehr, all das bekenne ich.

Was immer an Missachtung
ich den Buddhas gezeigt habe,
den Lehren[25] und ebenso den Śrāvakas[26],
all das bekenne ich.

Was immer an Missachtung
ich Pratyekabuddhas[27]
oder Bodhisattvas gezeigt habe,
all das bekenne ich.

Was immer ich jenen an Missachtung gezeigt habe,
die den heiligen Dharma lehren,
oder der heiligen Lehre,
all das bekenne ich.

Sollte ich ständig, ohne es zu wissen,
den heiligen Dharma aufgegeben
oder meinen Eltern Missachtung erwiesen haben:
All das bekenne ich.

Was immer ich getan habe aus Dummheit oder Torheit,
verdunkelt von Stolz und Überheblichkeit,
durch Begierde, Hass und Verwirrung,
all das bekenne ich.

Ich will die Buddhas in den zehn
Richtungen der Welt verehren,
ich will die Wesen in den zehn
Richtungen von allem Leid befreien.

All die unvorstellbar vielen Wesen
will ich zur zehnten Stufe führen,
und wenn sie auf der zehnten Stufe stehen,
sollen sie alle Tathāgatas werden.

Millionen von Äonen lang
will ich Aktivitäten verfolgen
zum Wohl jedes einzelnen Wesens,
bis ich ein jedes Wesen vom Meer des Leidens erlösen
kann.

Ich will die Wesen [dieses Sūtra] lehren,
das vortreffliche Suvarṇabhāsa mit Namen,
das sämtliche Taten[28] bereinigt,
das tiefgründige Reinheit lehrt.

Wer immer in Tausenden von Äonen
grausames Unrecht getan,
all dessen böse Taten
werden durch ein einziges Bekenntnis vernichtet.

Wer [seine Taten] mit diesem Bekenntnis läutert,
dem vortrefflichen, guten Suvarṇabhāsa,
das Hindernisse aufgrund von Karma[29]
rasch vollkommen beseitigt,

der wird auf den zehn Stufen stehen,
den zehn erhabenen Quellen von Juwelen,
er wird erstrahlen in den Qualitäten eines Buddha,
er wird Wesen aus dem Meer der Existenz befreien.

Und er wird die Fluten des Buddha-Meeres,
das tiefe Meer der Tugenden[30]
mit unvorstellbaren Buddha-Qualitäten
in Allwissenheit vollenden.

Er wird ein vortrefflicher Buddha werden
mit Hunderttausenden von Konzentrationen,
mit unvorstellbaren Dhāraṇīs[31],
mit den Mächten, mit den Kräften und den Gliedern der Erleuchtung.

Mögen die Buddhas auf mich sehen
mit aufmerksamem Geist;
und ihren Geist dem Erbarmen hingegeben
mögen sie mich vor Fehlern bewahren.

Aufgrund des Bösen, das ich früher getan,
wohl in Hunderten von Äonen,
habe ich einen unglücklichen Geist,
der Armut bin ich unterworfen, der Sorge und der Furcht.

Immerfort mit elendem Geist
fürchte ich ständig schlechte Taten,
was immer ich tue,
nirgendwo ist Freude für mich.

Alle Buddhas sind erbarmungsvoll,
sie nehmen den Wesen die Furcht.
Mögen sie mich vor Fehlern bewahren,
und mögen sie mich von Furcht befreien.

Mögen die Tathāgatas die Befleckungen
durch Verblendungen[32] und Taten von mir nehmen,
mögen die Tathāgatas mich in
den Wassern des Mitgefühls baden.

Ich bekenne alles Schlechte, das ich bisher getan,
und ich bekenne alles gegenwärtige Schlechte;
und für die Zukunft verpflichte ich mich,
mich aller schlechten Taten zu enthalten.

Ich verberge nichts von dem, was ich an Unrecht getan,
die drei Taten des Körpers und die vier der Rede,
sowie die drei Arten von Taten im Geist,
all das bekenne ich.

Was ich getan mit dem Körper,
was ich gesagt mit der Rede,
was ich gedacht im Geist,
zehnfache Taten, die ich getan,
all das bekenne ich.

Ich will die zehn schlechten Taten[33] meiden,
ich will die zehn guten Taten[34] üben,
ich will auf der zehnten Stufe stehen,
ich will ein herrlicher Buddha werden.

Jegliche böse Tat, die ich getan,
die unerwünschte Frucht trägt,
will ich bekennen
im Beisein der Buddhas.

Und an allen, die in diesem Jambudvīpa[35]
und in anderen Weltsphären
eine gute Tat tun,
will ich mich erfreuen.

Und durch jegliches Verdienst, das ich erworben habe
mit Körper, Rede und Geist,
durch diese Tugendwurzeln
will ich höchste Erleuchtung erlangen.

Was immer an grausamem Unrecht
ich in der Not des Wanderns im Dasein getan,
in der Not meines törichten Denkens –
im Beisein der unvergleichlichen Buddhas
bekenne ich einzeln all dieses Unrecht.

Ich bekenne alles Unrecht, das ich angehäuft habe
in der Not der Geburt, in der Not der Existenz,
in der Not der Welt und des unsteten Geistes,
in der Not vieler Taten des Leibes,

in der Not von Dummheit, Torheit und Leidenschaft[36],
in der Not der Gesellschaft schlechter Freunde,
in der Not des Daseins, in der Not des Verlangens,
in der Not von Hass und Verdunkelung,

in der Not der Erschöpfung, in der Not der Zeit,
in der Not des Vollbringens von Verdiensten –
vor den unvergleichlichen Buddhas stehend
bekenne ich einzeln all dieses Unrecht.

Ich verneige mich vor den Buddhas, die wie Meere von
Tugenden sind,
schimmernd in der Farbe des Goldes wie Sumeru.
Ich nehme Zuflucht zu diesen Buddhas
und respektvoll verneige ich mich vor all diesen Buddhas.

Ein jeder ist goldfarben, golden, wie reines, goldenes
Licht,
er hat feine Augen, rein und makellos wie Beryll,
er ist eine Quelle von Herrlichkeit, Pracht und Ruhm,
er ist eine Buddha-Sonne,
die Finsternis und Dunkelheit vertreibt
mit den Strahlen des Erbarmens.

Er ist vollkommen, schön,
mit wohlgeformten, makellosen Gliedern.
Der Buddha ist wie die Sonne, die alles durchdringt
mit reinen, goldenen Strahlen.

Er kühlt die lodernden Feuer derer,
deren Geist verzehrt wird
vom Feuer der Leidenschaften,
mit dem Mondstrahlennetz des Weisen[37].

Sein Leib ist geschmückt mit den zweiunddreißig großen Malen[38],
seine Glieder geziert mit den schönen kleinen Malen,
mit Strahlennetzen voll der Herrlichkeit,
Verdienst, Pracht und Glanz
steht er wie eine Sonne inmitten der Dunkelheit der drei Welten.

Deine Glieder gleich Silber, Kristall oder Kupfer,
mit mancherlei prächtigen Farben rein wie Beryll,
mit Strahlennetzen mannigfaltig und prächtig geschmückt,
bist du schön, großer Sieger, wie die Sonne.

Für die, die in den Strom des Daseinskreislaufs gefallen sind,
in die Fluten des Unglücks,
in die Wasser des Todes,
in die Wogen von Kummer und Not –
mit den Strahlennetzen der Buddhasonne
trockne das Meer der Leiden,
dessen Strömung so ungeheuer rau und grausam ist!

Ich verehre den Buddha, dessen Körper leuchtet wie Gold,
dessen Glieder leuchten in der Farbe des Goldes,
dessen Glieder geziert sind von wunderbaren Malen,
eine Quelle der Weisheit, erhaben in allen drei Welten.

So wie das Wasser der Meere unermesslich ist,
so wie der Staub der Erde unendlich ist,
so wie Merus Steine unzählbar sind,
so wie der Himmel unendliche Grenzen hat,
so sind die Tugenden des Buddha unendlich;
nicht einmal alle Wesen sind imstande, sie zu kennen.

Wenn man sie auch zahllose Äonen lang wägen und bedenken wollte,
so könnte man doch ein Ende seiner Tugenden nicht erkennen.

[Die Erde] mit ihren Felsen, Bergen und Meeren
kann wohl in Äonen ermessen und erkannt werden,
und das Wasser [in den Meeren] mag wohl mit einer Haarspitze gemessen werden;
doch es ist nicht möglich, das Ende der Tugenden des Buddha zu erkennen.

Mögen alle Wesen so mit Tugend,
Erscheinung, Ruhm und Ruf gesegnet sein,
ihr Leib mit den Hauptmerkmalen versehen
und den achtzig Nebenmerkmalen schön.[39]

Und durch diese gute Tat
will ich in nicht allzu ferner Zeit ein Buddha in der Welt werden.
Ich will die Lehre[40] lehren zum Wohle der Welt,
ich will die Wesen befreien, die bedrängt sind von vielerlei Leid.

Ich will Māra[41] überwinden mit seiner Macht und seinen Armeen,
ich will das gute Rad der Lehre drehen,
ich will unvorstellbare Äonen lang bleiben,
ich will Wesen sättigen mit dem Wasser des Nektars.

Ich will die sechs unübertrefflichen Vollkommenheiten[42] vollenden,
genau wie sie vollendet wurden von früheren Buddhas.

Ich will die Verbendungen zerstören,
ich will Leiden beenden,
ich will Begierden löschen
und gleichfalls Hass und Verwirrung.

Möge ich mich stets meiner Geburten erinnern,
Hunderter von Geburten, Tausender von Millionen von Geburten.
Stets der mächtigen Munis gewärtig,
möge ich ihrer Rede ausgiebig lauschen.

Und durch diese guten Werke
möge ich stets Gemeinschaft mit Buddhas finden,
ich will schlechte Taten völlig unterlassen,
ich will gute Taten, Quellen der Tugend, vollbringen.

In allen Sphären, Welten und Wesen sollen alle Leiden beendet sein.
Mögen die Wesen, deren Sinne geschädigt,

deren Glieder mangelhaft sind,
nun alle vollständige Sinne[43] haben.

Mögen die, die in den zehn Richtungen
krank, schwach, am Leibe versehrt und schutzlos sind,
alle rasch von ihrer Krankheit erlöst sein,
und mögen sie Gesundheit erlangen, Kraft und [alle] Sinnesorgane.

Mögen die Wesen, die fürchten, beraubt oder getötet zu werden
von Königen, Dieben oder Schurken,
die von Hunderten verschiedener Leiden geplagt sind,
mögen all diese Wesen, die bedrängt sind und leiden,
erlöst sein von diesen Hunderten tiefster, grausamer Ängste.

Mögen die, die geschlagen werden,
gebunden und gequält von Fesseln,
die sich in allerlei Nöten befinden,
geplagt von vielen tausend Leidenschaften,
die ergriffen sind von grausamer Furcht und vielerlei Not,
alle von ihren Fesseln erlöst sein.

Mögen die Geschlagenen von den Schlägern erlöst sein,
mögen die Verurteilten dem Leben zurückgegeben werden,
und mögen all die, die in Not geraten sind,
frei sein von Furcht.

Mögen die Wesen, die von Hunger und Durst geplagt
sind,
eine Vielzahl von Speisen und Getränken finden.
Mögen die Blinden allerlei Formen sehen,
die Tauben bezaubernde Klänge hören,

Mögen die Nackten allerhand Kleider erhalten
und arme Wesen Schätze erlangen,
und mögen alle Wesen gesegnet sein
mit reichlichen Gütern, Korn und mannigfachen
Preziosen.

Möge niemand durch Schmerz zu Schaden kommen,
mögen alle Wesen von lieblichem Angesicht sein,
mögen sie von schöner, anmutiger, Glück verheißender
Gestalt sein
und fortan zahllose Freuden erlangen.

Sobald sie daran denken, mögen Speise und Trank,
Reichtum und Verdienst ihrem Wunsch entsprechend
entstehen,
sowie Lauten, Pauken, lieblich tönende Zimbeln,
Quellen, Wasserbecken, Teiche und Weiher.

Sobald sie daran denken, mögen Lotusteiche für sie
entstehen
mit blauem und goldenem Lotus,
Speise und Trank, ebenso Gewänder, Reichtümer,
Gold, Geschmeide, Gemmen und Perlen, Beryll und
vielerlei Juwelen.

Mögen nirgendwo in der Welt Klagelaute ertönen,
möge kein Wesen in Not zu sehen sein,
mögen sie alle von strahlender Erscheinung sein,
und mögen sie sich gegenseitig Licht spenden.

Was immer es an Herrlichkeiten in der Welt der Menschen gibt,
mögen sie ihnen durch bloße Gedanken entstehen.
Sobald sie daran denken, mögen all ihre Wünsche
als Frucht ihrer Verdienste in Erfüllung gehen.

Möge es dreimal [am Tag] von den Bäumen
Räucherwerk regnen, Girlanden und Salben,
Kleider, Puder, verschiedene Blumen,
mögen die Wesen sie empfangen und erfreut sein.

Mögen sie all den unvorstellbaren Tathāgatas,
den Bodhisattvas, den Śrāvakas,
dem reinen, makellosen, festen Gesetz[44]
in den zehn Richtungen Verehrung erweisen.

Mögen die Wesen die niederen Bereiche der Existenz vermeiden[45],
mögen sie die acht Unfreiheiten[46] vermeiden,
mögen sie die höchste, beste Freiheit[47] erlangen,
mögen sie stets Gemeinschaft mit Buddhas finden.

Mögen sie stets in edler Familie geboren
und ihre Kammern gefüllt sein mit reichlicher Habe und Korn,

mögen sie in zahllosen Äonen mit Lob und Ruhm,
mit schöner Gestalt und Erscheinung gesegnet sein.

Mögen alle Frauen immerdar Männer werden[48],
stark, mutig, intelligent und gelehrt,
mögen sie stets den Pfad der Erleuchtung beschreiten
und sich üben in den Sechs Vollkommenheiten.

In den zehn Richtungen mögen sie Buddhas sehen,
in Frieden sitzend unter mächtigen Juwelenbäumen,
auf Thronen von kostbarem Lapislazuli,
und mögen sie diese die Lehre darlegen hören.

Die bösen Taten, die ich verübt,
die ich in der Drangsal der Existenzen einst begangen habe,
eine jegliche der bösen Taten, die unerwünschte Früchte tragen:
Mögen sie alle restlos vernichtet sein.

Mögen alle Wesen, die in den Fesseln der Existenz leben,
gebunden mit den harten Banden des Daseinskreislaufs,
befreit sein [von ihrer Fron] durch die Hand der Weisheit,
mögen sie von ihren Leiden erlöst sein.

Mit einem jeglichen Wesen hier in Jambudvīpa
und einem jeglichen in anderen Weltsphären,
die mannigfache tiefgründige Verdienste schaffen,
erfreue ich mich an ihrem Verdienst.

Und durch meine Freude an ihrem Verdienst
und durch das Verdienst, das ich mit Körper, Rede oder
Geist erworben habe,
möge meinem Wunsch fruchtbarer Erfolg beschieden sein,
möge ich höchste, makellose Erleuchtung erlangen.

Wer immer die Buddhas verehrt und preist,
allezeit mit reinem, makellosem Geist,
der vermeidet durch diese hoch gelobte Widmung
die schlimmen Bereiche für sechzig Äonen.

Und wer immer, Männer, Frauen, Brahmanen oder
Krieger,
mit diesen hoch gelobten Versen die Buddhas rühmen
wird,
stehend, mit Händen in der Geste der Verehrung,
wird sich in allen Leben seiner Geburten erinnern.

Sein Leib wird geschmückt sein mit allen Gliedern und
Sinnen,
mit vielerlei Verdiensten und mit Tugend wird er ausgestattet sein,
immerzu wird er verehrt sein als ein König unter den
Menschen,
so wird er sein an allen Orten der Geburt.

Nicht vor einem Buddha haben sie Gutes getan,
nicht vor zwei oder drei oder fünf oder zehn,
denn die, an deren Ohr dieses Bekenntnis dringt,
haben Gutes getan vor Tausenden von Buddhas.'"

[So endet] das vierte Kapitel, „Das Bekenntnis“, im vortrefflichen Suvarṇabhāsa, dem mächtigen König der Sūtras.

5. Kapitel

Quelle von Lotusblumen

Alsdann sprach der Bhagavan zur edlen Göttin Bodhisattvasamuccayā: „Damals, edle Göttin[49], zu jener Zeit, da pries ein König mit Namen Suvarṇabhujendra mit dem folgenden Lobpreis aller Tathāgatas, den man als ‚Quelle von Lotusblumen' kennt, die Bhagavan Buddhas der Vergangenheit, Gegenwart und Zukunft."

„Vor den Buddhas der Vergangenheit und vor denen,
die gegenwärtig in den zehn Richtungen der Welt weilen,
vor all diesen Buddhas verneige ich mich,
und all diese Buddhas will ich lobpreisen.

Muni, voll Frieden, vollkommener Stille und Reinheit,
dein Leib hat die Farbe des Goldes[50];
die Rede des Buddha ertönt mit allen Melodien,
sie erklingt mit dem Wohlklang der Brahmastimme.[51]

Dein Haarschopf ist wie der blaue Lotus,
wie der Rücken von Bienen, wie ein Pfau,

gelockt und dunkelblau,
wie der blaue Eichelhäher.[52]

Deine Zähne sind weiß wie Muschelschalen[53],
immerdar schön, von der Schönheit des Goldes,
deine Augen sind lang, sind rein, sind tiefblau[54]
wie blaue Utpala-Blumen.[55]

Deine Zunge ist groß und wohlgeformt[56], von der Farbe des Lotus,
glänzend wie ein Lotus, gleich einem Lotusblütenblatt.
Die Haarlocke deines Angesichtes lockt sich nach rechts,
wie eine Lotusschnecke von der Farbe des Beryll.[57]

Der Mond[58] des Muni ist fein wie der abnehmende Mond,
der Nabel seines Leibes ist klar gezeichnet und schön.[59]
Seine Nase, hoch im Gesicht und gerade[60],
ist von goldener Farbe, wie Gold vom Śāla-Fluß.

Der Geschmackssinn der Jinas ist stets erlesen[61],
ist ebenmäßig, vortrefflich und fein.
Aus jeder deiner Poren wächst ein einzelnes Haar,
und sobald ein Haar hervortritt, lockt es sich nach rechts.[62]

Dunkelblau schimmern die Flechten deiner Haare,
glänzend wie der schöne Nacken des Pfaus.

Im Moment deiner Geburt erhellte der Glanz deines Körpers
alle Welten der zehn Himmelsrichtungen,
so dass das grenzenlose Leid in den drei Existenzen versiegte
und die Wesen mit jedwedem Glück gesegnet waren.

Die Höllenwesen, die Tiere und die Geister,
die Wesen in den göttlichen Gefilden und in der Welt der Menschen,
all diese Wesen erlangten Glück,
und die Wesen in den niederen Bereichen fanden Frieden.

Dein Körper, Sugata, leuchtet wie lauteres Gold[63],
sein Glanz ist von reiner goldener Farbe.
Dein Antlitz, Sugata, ist rein wie der Mond,
dein lächelnder Mund ist makellos und schön.[64]

Die Glieder deines Leibes sind weich, wie die eines Kindes[65],
dein herrlicher Gang gleicht dem Gang des Löwen[66],
deine schlanken Arme mit den schlanken Händen
sind wie die Ranken des Śāl-Baums, vom Winde bewegt.

Eine Armspanne weit leuchtet dein Strahlenkranz,
strahlend wie tausend Sonnen,
der erhabene, makellose Leib des Muni
erleuchtet all die endlosen Sphären mit seinem Licht.

Dein Licht, Buddha,
mit seinem schönen, klaren Schein
lässt all die zahllosen Sonnen und Monde
in hunderttausend endlosen Sphären lichtlos werden.

Die Leuchte der Welt ist die Buddha-Sonne;
mit hunderttausend Buddha-Sonnen
in hunderttausend unermesslichen Sphären
lässt du Wesen die Tathāgata-Sonne sehen.

Dein Körper ist mit hunderttausend Verdiensten versehen
und ist mit allen Tugenden wohl geschmückt.
Der Arm des Jina[67] ist wie der Rüssel des Königs-
elefanten[68],
das Licht seiner Hände und Füße ist schön und rein.

Wie die Zahl der Staubkörnchen auf der Erde
ist die Zahl der Buddhas der Vergangenheit,
wie Staub so zahlreich sind die Buddhas, die erscheinen
werden,
wie Staub so zahlreich die, die in der Gegenwart verweilen.

Vor all diesen Siegern verneige ich mich
mit reinem Körper, reiner Rede und reinem Geist,
Blumen und Räucherwerk bringe ich dar
und hundert Lobpreisungen mit lauterem Sinn.

Hätte ich auch hundert Zungen,
so wäre ich doch in Tausenden
von Weltzeitaltern nicht imstande,
die Tugenden des Buddha zu beschreiben.

Die höchste Essenz der Tugenden der Sieger,
die heilsam sind, mannigfaltig und zahlreich:
Mit hundert Zungen wäre ich nicht imstande,
in tausend Äonen die Qualitäten des Buddha zu beschreiben.

Nicht einmal den kleinsten Teil der Qualitäten eines einzigen der Sieger
kann man mit tausend Zungen nennen,
wie sollte es wohl mit hundert Zungen möglich sein,
die Qualitäten aller Sieger aufzuzählen?

Wenn auch die ganze Welt mit ihren Götterreichen
bis hin zum Gipfelpunkt der Existenz
ein Meer voll Wasser würde,
so könnte man das Wasser wohl mit einem Haar vermessen,
doch selbst eine einzige Qualität des Tathāgata
[kann] nicht [gemessen werden].

So lobe und preise ich alle Sieger,
mit reinem Körper, reiner Rede und reinem Geist.
Durch die Frucht der Verdienste, die ich angesammelt habe,
mögen die Lebewesen den Zustand der Sieger erlangen.“

Als der König dem Buddha so gehuldigt hatte, sprach er ein Wunschgebet:

„An welchen Orten ich in künftiger Zeit
in endlosen Äonen auch Geburt annehmen werde,
immerdar will ich in meinen Träumen
eine solche Pauke sehen und ein solches Bekenntnis
hören.

Möge ich in jeder Geburt einem Loblied auf die Buddhas
wie der ‚Quelle von Lotusblumen' begegnen.

Selbst in Tausenden von Äonen ist es schwer,
den endlosen, unvergleichlichen Buddha-Tugenden zu
begegnen.
Im Traum will ich von ihnen hören,
und am Tage will ich von ihnen sprechen.

Ich will die Wesen vom Meer des Leidens befreien,
ich will die Sechs Vollkommenheiten vollenden,
ich will alsdann höchste Erleuchtung erlangen,
möge meine Sphäre immerdar unerschöpflich sein.[69]

Als Frucht daraus, dass ich die Pauke offenbart
und allen Siegern einen Lobpreis dargebracht habe,
möge ich den mächtigen Śākyamuni direkt erschauen
und daselbst die Prophezeiung erlangen.

Mögen auch diese beiden Kinder,
Kanakabujendra und Kanakaprabha,
die meine Söhne sind, dort die Prophezeiung
höchster Erleuchtung erlangen.

Den Wesen, die ohne Haus und ohne Stütze,
die ohne Zuflucht und in Not geraten sind,
will ich in künftigen Zeiten
Zuflucht und Stütze, Schutz und Helfer sein.

Ich will den Ursprung all ihrer Leiden vernichten,
ich will eine Quelle alles Heilsamen sein,
ich will in kommenden Zeitaltern Erleuchtung erlangen
wie seit alters so viele vor mir.

Mit dem Bekenntnis des vortrefflichen Suvarṇaprabhāsa[70]
möge das Meer meiner Vergehen austrocknen,
möge das Meer meiner Taten versiegen,
möge das Meer meiner Leidenschaften vergehen.

Möge das Meer meiner Verdienste vollendet sein.
Durch die erhabene Erscheinung makelloser Weisheit
möge das Meer meiner Weisheit geläutert sein,
und möge ich ein Meer aller Tugenden sein.

Mögen die kostbaren Qualitäten der Erleuchtung vollendet werden,
durch die Kraft des Bekenntnisses des Suvarṇaprabhāsa
mögen meine Verdienste erstrahlen,
und möge der Glanz meiner Erleuchtung zutiefst geläutert sein.

Durch die erhabene Erscheinung unbefleckter Weisheit
möge das Licht meines Körpers erstrahlen,

möge ich erhaben sein in der ganzen dreifachen Welt,
möge der Glanz meiner Verdienste erstrahlen.

Möge ich stets mit der Macht der Verdienste versehen sein,
möge ich ein Retter vom Meer der Leiden sein,
möge ich ein Meer aller Freuden sein,
möge ich in einem künftigen Zeitalter höchste Erleuchtung erlangen.

So wie die [Reinen] Länder all jener, die in der Vergangenheit
in den drei Welten zur Befreiung gegangen sind,
mit den grenzenlosen Qualitäten aller Sieger ausgezeichnet sind,
so möge auch mein [Reines] Land in künftiger Zeit
mit grenzenlosen Qualitäten ausgestattet sein."

[So endet] das fünfte Kapitel, „Der Lobpreis an alle Tathāgatas der Vergangenheit, Gegenwart und Zukunft, das man ‚Quelle von Lotusblumen' nennt", im vortrefflichen Suvarṇabhāsa, dem mächtigen König der Sūtras.

6. Kapitel

Leerheit

Sodann sprach der Bhagavan die folgenden Verse:

„In unvorstellbaren anderen Sūtras
werden leere Phänomene ausführlich dargelegt,
daher werden leere Phänomene
in [diesem] vortrefflichen, heiligen Sūtra nur kurz
erläutert.

Wesen von geringer Intelligenz und unwissend
sind nicht imstande, alle Phänomene zu verstehen,
daher werden in diesem vortrefflichen, heiligen Sūtra
leere Phänomene nur kurz erklärt.

Auf dass alle Lebewesen verstehen,
auf dass Lebewesen frei werden mögen,
habe ich mit der Kraft des Mitgefühls
mit anderen Mitteln, Methoden und Gründen
dieses vortreffliche, heilige Sūtra, den mächtigen König
der Sūtras, erklärt.

Dieser Körper ist gleichsam wie ein leeres Dorf,
die Sinneskräfte sind wie Soldaten oder Diebe,
die allesamt im selben Dorfe wohnen,
ohne voneinander zu wissen.

Der Augensinn läuft Formen nach,
der Ohrensinn beschäftigt sich mit Tönen,
der Nasensinn wird von der Vielfalt der Gerüche angezogen,
der Zungensinn läuft immerfort Geschmäckern hinterdrein,
der Körpersinn verfolgt [Objekte] der Berührung,
der Denksinn ist befasst mit Phänomenen.
Diese sechs Sinne beschäftigen sich
einzeln ein jeder mit seinem eigenen Objekt.

Der Geist ist unstet wie eine Illusion,
und die sechs Sinne befassen sich mit ihren Objekten,
gleichsam wie ein Mensch, der in einem leeren Dorf umherläuft
und sich auf Soldaten und Diebe verlässt.

Und so wie der Geist mit der Stätte der sechs Objekte verbunden ist,
kennt er die [sechs] Sinnesbereiche der Formen, der Töne, der Gerüche,
der Geschmäcker, der Objekte der Berührung und den Bereich der Phänomene.
Just so, mit der Stätte der sechs Objekte verbunden,
kennt der Geist die sechs Sinnesbereiche.

Flatterhaft wie ein Vogel
tritt er in alle sechs Sinneskräfte ein,
und je nachdem, in welcher der Sinneskräfte er verweilt,
verleiht ihm dieselbe [die Fähigkeit, sein Objekt] wahrzunehmen.

Der Körper ist bewegungslos und handelt nicht,
er ist ohne Wesenskern und ist aus Ursachen entstanden,
er ist nicht wirklich, sondern aus [begrifflicher] Vorstellung entstanden,
er ist wie eine Handlungsmaschine oder ein leeres Dorf.

Erde, Wasser, Feuer und Wind,
die sich bald hier, bald dort in den verschiedenen Richtungen aufhalten,
sind in stetem Konflikt miteinander,
wie Giftschlangen in einem einzigen Käfig.

Und alle vier Schlangenelemente sind verschieden:
Zwei streben aufwärts und zwei abwärts,
zwei streben in diese, zwei in jene Richtungen und Zwischenrichtungen,
und all diese Schlangenelemente gehen zugrunde.

Die Erdschlange und die Wasserschlange
bewegen sich abwärts der Auflösung zu,
die Feuerschlangen und die Windschlangen
bewegen sich himmelwärts.

Entsprechend den Handlungen, die in der Vergangenheit getan wurden,
bewegen sich Geist und Bewusstsein[71] und werden
entsprechend der vollbrachten Tat in eine Existenz
als Gott, als Mensch oder in die drei elenden Bereiche geboren.

Wenn Schleim, Wind und Galle zerfallen,
ist der Körper voll mit Urin und Exkrement;
keine Freude gibt er mehr, da er ein Haufen von Gewürm geworden ist,
und auf den Leichenacker wird er geworfen wie ein Stück Holz.

Sieh die Phänomene, Göttin,
die Person, die Lebewesen,
alle Phänomene sind leer;
durch den Umstand der Unwissenheit sind sie entstanden.

Diese großen Elemente[72] haben kein großes Entstehen,
weil sie aus dem Nicht-Entstandenen entstehen, entstehen sie nicht.
Weil also die Elemente nicht entstanden sind,
werden sie von mir große Elemente genannt.

Sie existieren nicht, und obwohl sie erscheinen, sind sie nicht existent,
aus dem Umstand der Unwissenheit sind sie entstanden.
Und weil diese Unwissenheit nicht existent ist,
habe ich diese Unwissenheit erläutert.

Gestaltende Tat und Bewusstsein, Name und Form,
die sechs Sinne, Berührung, Empfindung,
Verlangen, Ergreifen, desgleichen Existenz,
Geburt, Altern und Tod, Kummer und Not,
die unvorstellbaren Leiden im Daseinskreislauf,
so wie sie im Kreislauf der Existenzen erscheinen,
sind aus dem Nicht-Entstandenen entstanden,
und daher sind sie nicht entstanden, nicht wirklich.

Indem du dies im Geiste untersuchst,
durchschneide die [falsche] Ansicht von einem Selbst,
sieh die Stätte der Aggregate als leer,
mit dem Schwert der Weisheit zerschneide das Netz der Leidenschaften,
erlange die immensen Qualitäten der Erleuchtung!

Ich habe das Tor zur Stadt des Nektars geöffnet,
ich habe das Gefäß des Nektartrunkes offenbart,
ich bin in die herrliche Stadt des Nektars eingezogen,
ich habe mich am Nektartrunke gelabt.

Ich habe die vortreffliche Pauke des Dharma geschlagen,
ich habe das erlesene Muschelhorn des Dharma geblasen,
ich habe die erhabene Fackel des Dharma entzündet,
ich habe den vorzüglichen Regen des Dharma herabregnen lassen.

Ich habe den Erzfeind, die Leidenschaften, besiegt,
ich habe das vortreffliche Banner des Dharma erhoben,
ich habe Lebewesen vom Meer der Existenzen erlöst,

ich habe die drei Pfade zu den bösen Geburten versperrt.

Den Wesen, die vom Feuer der Leidenschaften verzehrt werden,
den Lebewesen ohne Stütze und Beistand
habe ich die Feuersbrunst ihrer Leidenschaften gelöscht
und sie mit kühlem Nektartrunk gestillt.

Dafür habe ich früher in zahllosen Äonen
unvorstellbar viele Lenker der Wesen[73] verehrt;
weil ich den Körper des Dharma[74] begehrte,
habe ich mit strenger Disziplin[75] um der Erleuchtung willen praktiziert.

Meine Hände, meine Füße, meine Augen,
meine Glieder und das höchste Körperteil, den Kopf,
meine geliebten Söhne und Töchter,
meinen Reichtum, Edelsteine, Perlen, Gold und Geschmeide,
Lapislazuli und vielerlei Juwelen habe ich hingegeben.

Fällte man in den *Dreifach-Tausend-Welten* alle Bäume
und schnitte alles Gras und alle Kräuter,
alle Wälder und alles, was da wächst, in Stücke,
um es zu feinem Staube zu zermahlen,
und häufte man den Staub zu einem Berge auf,
der bis hinauf zum Himmelszelte reichte,
so wäre es wohl möglich, ihn in drei Teile zu teilen:
den Staub der Erde,

[den Staub] in allen *Dreitausend-Welten*
[und den Staub von] unvorstellbaren Sphären.

Und wäre das Wissen aller Wesen
in einem einzigen Wesen vereint,
so könnte die Anzahl der Staubteilchen
mit diesem Wissen wohl ermessen werden.

Doch selbst Menschen, welche unter allen Wesen
die vorzüglichste Weisheit besitzen
und imstande sind, alles zu zählen,
vermögen nicht, das Wissen der Überwinder zu ermessen.

Die Weisheit, mit welcher die Überwinder
in einem einzigen Augenblick [in alle Phänomene]
eintreten,
kann selbst in zahllosen Millionen
von Äonen nicht ermessen werden."

[So endet] das sechste Kapitel, „Leerheit", im vortrefflichen Suvarṇabhāsa, dem mächtigen König der Sūtras.

7. Kapitel

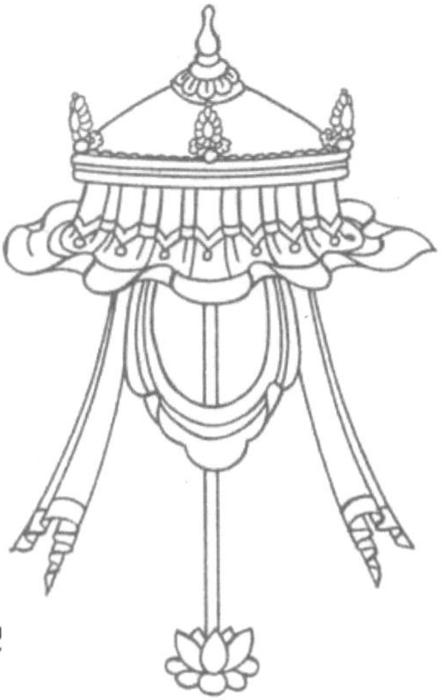

Die Vier Großen Könige

Da erhoben sich der Große König Vaiśravaṇa, der Große König Dhṛtarāṣṭra, der Große König Virūḍhaka und der Große König Virūpākṣa[76] von ihren Sitzen, legten die Obergewänder über die eine Schulter, und das rechte Knie zur Erde niederbeugend neigten sie sich mit aneinander gelegten Händen dem Erhabenen zu und sprachen also zum Erhabenen:

„Erhabener, dieses vortreffliche Suvarṇabhāsa, der mächtige König der Sūtras, wurde von allen Tathāgatas gesprochen, wurde von allen Tathāgatas gesehen, wurde von allen Tathāgatas gedacht. Es wurde von Scharen von Bodhisattvas bewahrt, immerdar wurden ihm von allen Versammlungen von Göttern Huldigungen dargebracht, von allen Versammlungen von Göttern wurde es verehrt, von allen Versammlungen von Heerscharen von Göttern wurde es gepriesen. Von allen Weltbeschützern wurde es mit Huldigungen und Lobpreisungen verehrt und gerühmt. Es erleuchtet die Paläste der Götter, es gewährt allen Wesen höchstes Glück, es bringt die Leiden der Höllen, der Tierwelt und der Welt Yāmas völlig zum Versiegen, es durchschneidet den Strom der Furcht, es wendet alle fremden Armeen ab, und es stillt alle Not durch Hunger, es stillt alle Not durch Krankheit, es besänftigt alle Not durch den Einfluss von Gestirnen, es bringt höchsten Frieden hervor, es stillt allen Kummer und die Leidenschaften, es beseitigt all die verschiedenen Arten von Ungemach, es überwindet alle die Hunderte von Tausenden von Nöten. Wenn, Erhabener, dieses vortreffliche Suvarṇabhāsa, der mächtige König der Sūtras, ausführlich, korrekt und vollständig in der Versammlung dargelegt wird, so werden vom bloßen Hören des Sūtra und durch die Nektaressenz des Sūtra unsere Körper, die göttlichen Körper der Vier Großen Könige sowie auch die unserer Armeen und unserer Gefolgschaften mit Macht anwachsen. Tatkraft, Stärke und Energie wird in unseren Körpern entstehen. Glanz, Pracht und Herrlichkeit wird in unsere Körper einziehen. Wir, Erhabener, die Vier Großen Könige, werden den Dharma bewahren, werden den Dharma verkünden und werden dem Dharma entsprechend regieren. In Treue zum Dharma werden wir unsere Herrschaft über die Götter, Nāgas, Yakṣas, Asuras, Garuḍas, Gandharvas, Kiṃnaras und Mahoragas ausüben. Die Heere der Bhūtas, die erbarmungslos sind, die unerträglich sind, und die andere ihres Glanzes berauben, werden wir zurücktreiben. Wir, die Vier Großen Könige, zusammen mit den achtundzwanzig großen Yakṣa-Generälen und zahlreichen Hunderttausenden von Yakṣas, werden unablässig dieses ganze Jambudvīpa mit unserem himmlischen Auge überwachen, das rein ist und menschliche Augen übertrifft, und wir werden es behüten und beschützen. Aus diesem Grunde, Erhabener, wurde uns Vier Großen Königen der Name ‚Weltbeschützer‘ verliehen. Und wenn, Erhabener, irgendein Gebiet in diesem Jambudvīpa von fremden Armeen überfallen wird, von einer Hungersnot heimgesucht wird, von Seuchen, von Hunderten verschiedener Nöte, von Tausenden von Nöten, von Hunderttausenden von Nöten, so werden wir, Erhabener, die Vier Großen Könige, die Mönche, die den Dharma verkünden und das Suvarṇabhāsa, den mächtigen König der Sūtras, bewahren, bitten, [den Dharma zu lehren]. Und wenn wir, Erhabener, die Vier Großen Könige, durch magische Kräfte und Segnungen den Mönchen, die den Dharma vertreten, Ehre erweisen, so werden dieselben in einem jeden Gebiet, in das sie kommen, und wo sie korrekt und ausführlich das Suvarṇabhāsa, den mächtigen König der Sūtras, darlegen, diese verschiedenen Hunderttausende von Nöten, welche diese Gebiete heimsuchen, zum Stillstand bringen. Und in jedem Gebiet eines Königs der Menschen, in welches, Erhabener, diese Mönche kommen, die den mächtigen König der Sūtras bewahren und den Dharma lehren, wird auch das vortreffliche Suvarṇabhāsa, der mächtige König der Sūtras, gehört werden. Und wenn, Erhabener, ein Menschenkönig dieses vortreffliche Suvarṇabhāsa, den mächtigen König der Sūtras, hört, und nachdem er es gehört hat, den Mönchen, die den mächtigen König der Sūtras bewahren, gegenüber allen Gegnern Schutz gewährt, Zuflucht gewährt, Unterstützung und Obhut, so werden wir, Erhabener, die Vier Großen Könige, allen Wesen, die im Lande dieses Menschenkönigs leben, Schutz gewähren, Zuflucht gewähren, Unterstützung, Obhut und Frieden und werden dafür sorgen, dass sie Wohlergehen haben und Glück. Und wenn, Erhabener, der Menschenkönig diese Mönche, Nonnen, Laienbrüder und Laienschwestern[77], die den mächtigen König der Sūtras bewahren, mit der Gabe jeglicher Annehmlichkeiten versorgt, so werden wir, Erhabener, die Vier Großen Könige, den Wesen überall im Lande dieses Menschenkönigs mit allen Gütern zu Glück und Annehmlichkeiten verhelfen. Und wenn, Erhabener, der Menschenkönig den Mönchen, Nonnen, Laienbrüdern und Laienschwestern, die den mächtigen König der Sūtras bewahren, Ehre und Huldigung erweist, sie hoch achtet und verehrt, so werden wir, Erhabener, die Vier Großen Könige, diesem Menschenkönig zu höheren Ehren und Huldigungen verhelfen, als anderen Landeskönigen zuteil wird, werden ihm zu Hochachtung verhelfen, werden ihm zu Verehrung verhelfen und werden ihm dazu verhelfen, dass man ihn im ganzen Lande preist."

Da lobte der Erhabene die Vier Großen Könige: „Gut so, gut so, ihr Großen Könige! Nochmals, gut so, gut so, ihr Großen Könige! Ihr habt den früheren Siegern besondere Dienste erwiesen, ihr habt Tugendwurzeln hervorgebracht, ihr habt vielen Hunderttausenden von Millionen von Buddhas Ehre erwiesen, ihr seid dem Dharma treu, ihr predigt den Dharma, ihr übt eure Herrschaft über die Götter und Menschen getreu dem Dharma aus, seit langer Zeit schon denkt ihr immerzu an das Wohl und den Nutzen aller Wesen, ihr seid mit Glück gesegnet, ihr habt einen liebevollen Geist und den besonderen Wunsch, Glück und Nutzen für die Lebewesen zu bewirken, ihr habt alles aufgegeben, was [ihnen] keinen Nutzen bringt, ihr seid tätig, um Glück für alle Wesen zu bewirken. Ihr, die Vier Großen Könige, sollt diesem König der Menschen, welcher dem vortrefflichen Suvarṇabhāsa, dem mächtigen König der Sūtras, Verehrung und Huldigung erweist, Zuflucht gewähren, ihr sollt ihn in eure Obhut nehmen, ihr sollt ihn unterstützen und dafür sorgen, dass ihm Schonung vor Strafe, Frieden und Wohlergehen zuteil wird. Dann werdet ihr, die Vier Großen Könige, mit euren Armeen und Gefolgschaften und mit zahlreichen Hunderttausenden von Yakṣas die Wege des Dharma der vergangenen, gegenwärtigen und zukünftigen Bhagavan Buddhas beschützen, ihr werdet sie behüten und unterstützen. Dann wird euch, den Vier Großen Königen, zusammen mit euren Armeen und Gefolgschaften und Hunderttausenden von Yakṣas, der Sieg zuteil werden, wenn ihr mit den Göttern und Asuras in Streit geratet. Und die Asuras werden unterliegen. Durch die Kraft des vortrefflichen Suvarṇabhāsa, des mächtigen Königs der Sūtras, werden alle fremden Armeen überwunden. Daher sollt ihr den Mönchen, Nonnen, Laienbrüdern und Laienschwestern, die den mächtigen König der Sūtras bewahren, Zuflucht gewähren, sollt ihnen Unterstützung gewähren, Obhut gewähren und sollt für ihr Wohlergehen sorgen."

Da erhoben sich der Große König Vaiśravaṇa, der Große König Dhṛtarāṣṭra, der Große König Virūḍhaka [und] der Große König Virūpākṣa von ihren Sitzen, legten die Obergewänder über die eine Schulter, und das rechte Knie zur Erde niederbeugend neigten sie sich mit aneinander gelegten Handflächen dem Erhabenen zu und sprachen also zum Erhabenen: „An welchem Ort, Erhabener, in welchen Dörfern, Städten, Großstädten, Handelsansiedlungen, Gebieten, Ländern oder Königspalästen man sich mit diesem vortrefflichen Suvarṇabhāsa, dem mächtigen König der Sūtras, in künftigen Zeiten auch immer befassen wird, in welchem Gebiet eines Menschenkönigs man sich auch immer damit beschäftigen wird, wann immer ein König seine Herrschaft in Übereinstimmung mit der königlichen Abhandlung über ‚die Pflichten göttlicher Herrscher' ausübt und wann immer er dieses vortreffliche Suvarṇabhāsa, den mächtigen König der Sūtras, fortwährend hört, ihm huldigt, ihm Ehre erweist, oder wenn er die Mönche, Nonnen, Laienbrüder und Laienschwestern, die den mächtigen König der Sūtras bewahren, respektiert, wenn er sie achtet, ihnen Ehre erweist und wenn er fortgesetzt das vortreffliche Suvarṇabhāsa, den mächtigen König der Sūtras, anhört, so wird er mit dem fließenden Wasser des Hörens von Dharma, durch den Nektarsaft des Dharma die Majestät unserer göttlichen Körper, der Körper der Vier Großen Könige mit ihren Armeen und Gefolgschaften und die Körper der Hunderte von Tausenden von Yakṣas, mit großer Macht vergrößern, und er wird große Tatkraft in uns hervorbringen, Stärke und Energie. Er wird, Erhabener, unseren Glanz, unsere Pracht und unsere Herrlichkeit vermehren. Daher, Erhabener, werden wir, die Vier Großen Könige, mit unseren Armeen und Gefolgschaften und mit zahlreichen Hunderttausenden von Yakṣas, jetzt und in künftiger Zeit, wo immer man sich mit dem vortrefflichen Suvarṇabhāsa, dem mächtigen König der Sūtras, befasst, in Dörfern, Städten, Großstädten, Handelsansiedlungen, Gebieten, Ländern oder Königspalästen, uns mit unsichtbaren Körpern hinbegeben. Wir werden den Menschenkönigen, die dieses vortreffliche Suvarṇabhāsa, den mächtigen König der Sūtras, anhören, ihm huldigen und ihm Ehre erweisen, Schutz gewähren, werden sie behüten, in unsere Obhut nehmen, unterstützen, und wir werden für Schonung vor Strafe, Frieden und Wohlergehen sorgen, und ihre Königspaläste und Residenzstädte sowie das ganze Land werden wir beschützen, behüten, in unsere Obhut nehmen, unterstützen, und werden für Schonung vor Strafe, Frieden und Wohlergehen sorgen. Und wir werden diese Länder von aller Furcht befreien, von allem Unheil und Aufruhr, und wir werden die fremden Armeen zum Rückzug zwingen. Und wenn sich, Erhabener, in der Nachbarschaft eines Königs, der dieses vortreffliche Suvarṇabhāsa, den mächtigen König der Sūtras fortwährend hört, ihm huldigt und ihm Ehre erweist, ein anderer, feindlich gesonnener König aufhält, und wenn dieser benachbarte, feindlich gesonnene König nun einen solchen Gedanken hegen sollte: ‚Ich will mit einer vierfachen Armee in dieses Gebiet einfallen und es zerstören', so wird, Erhabener, durch die majestätische Kraft dieses vortrefflichen Suvarṇabhāsa, des mächtigen Königs der Sūtras, zu dieser Zeit, in diesem Augenblick, ein Streit entbrennen zwischen dem benachbarten, feindlich gesonnenen König und anderen Königen. Und in seinen eigenen Gebieten wird es regionale Unruhen geben. Es wird erbitterte Auseinandersetzungen mit den Königen geben, und Plagen durch Gestirne und Seuchen werden im Lande auftreten. Hunderte verschiedener Schwierigkeiten werden das Land heimsuchen. Und wenn, Erhabener, diesen feindlichen König in seinem eigenen Lande Hunderte solcher verschiedener Schwierigkeiten und Hunderte verschiedener Arten von Nöten heimsuchen, und wenn dann, Erhabener, dieser benachbarte feindliche König eine vierfache Armee aufstellt, um in jenes Land einzufallen, und wenn dann dieser feindliche König mit seiner vierfachen Armee in das Land einfallen will, in dem dieses vortreffliche Suvarṇabhāsa, der mächtige König der Sūtras, sich befindet, und wenn er das Land zerstören will, so werden wir, die Vier Großen Könige, mit unseren Armeen und Gefolgschaften, mit zahlreichen Hunderttausenden von Yakṣas, uns mit unsichtbaren Körpern dorthin begeben. Und wir werden die fremde Armee, auch wenn sie bereits in jenes Land eingefallen ist, zur Umkehr zwingen. Wir werden Hunderte verschiedener Schwierigkeiten und Hindernisse bereiten, so dass diese fremde Armee nicht imstande sein wird, in dieses Gebiet einzudringen, um wie viel weniger noch, es zu zerstören."

Da lobte der Erhabene die Vier Großen Könige: „Gut so, gut so, ihr Großen Könige! Gut so und noch einmal gut so, ihr Großen Könige, dass ihr mit dem Ziel höchster und vollkommener Erleuchtung für zahllose Hunderttausende von Millionen von Weltzeitaltern in rechter Weise wirkend den Königen der Menschen, die dieses vortreffliche Suvarṇabhāsa, den mächtigen König der Sūtras, hören, achten und ehren, Schutz gewährt, dass ihr ihnen Zuflucht gewährt, Unterstützung, Obhut und Frieden und dass ihr dafür sorgt, dass sie Wohlergehen haben und Glück. Und diesen Königspalästen, diesen Städten, diesen Ländern und Gebieten sollt ihr Schutz gewähren, sollt Zuflucht gewähren, Unterstützung, Obhut und Frieden, und ihr sollt dafür sorgen, dass sie Wohlergehen haben und Glück. Und ihr sollt diese Gebiete von aller Furcht, von allem Aufruhr und allen Nöten befreien. Und die fremden Armeen sollt ihr zum Rückzug zwingen. Und ihr sollt Krieg, Kampf, Streit und Zwistigkeiten unter den Königen der Menschen in ganz Jambudvīpa verhindern. In diesem ganzen Jambudvīpa, ihr Vier Großen Könige mit euren Armeen und Gefolgschaften, werden die vierundachtzigtausend Könige in den vierundachtzigtausend Städten sich ihrer eigenen Gebiete erfreuen, sie werden sich der Herrschaft über ihre eigenen Länder und ihrer eigenen Reichtümer und Güter erfreuen. Sie werden sich nicht gegenseitig schaden, werden sich gegenseitig keine Verletzungen zufügen, sie werden Herrschaft erlangen gemäß ihrer eigenen Ansammlung früherer Taten, und sie werden mit der Herrschaft über ihre eigenen Gebiete zufrieden sein. Sie werden sich nicht gegenseitig bedrohen, und sie werden nicht ausziehen, um [andere] Länder zu zerstören. Und wenn in diesem Jambudvīpa in den vierundachtzigtausend Gebieten und Städten die vierundachtzigtausend Könige einen Sinn für das gegenseitige Wohlergehen haben, einen Geist der Liebe und des Wohlwollens, weil sie sich ohne Krieg, ohne Kampf, Streit oder Zwistigkeit ihrer eigenen Länder erfreuen, so wird dieses Jambudvīpa, ihr Vier Großen Könige mit euren Armeen und Gefolgschaften, blühen, es wird fruchtbar sein, es wird froh sein und bevölkert von Menschen und vielen [anderen] Wesen. Und die Erde wird saftiger werden. Der Verlauf der Jahre, der Monate und Halbmonate wird sich zur rechten Zeit vollziehen. Bei Tag und bei Nacht werden die Planenten, die Sterne sowie Mond und Sonne in geordneten Bahnen dahin ziehen. Zur rechten Zeit werden Regenschauer auf die Erde niederfallen. Die Wesen in ganz Jambudvīpa werden reich an Gütern und Getreide sein. Sie werden sich großer Genüsse erfreuen, und sie werden frei sein von Geiz. Sie werden freigebig sein. Sie werden auf dem Pfad der zehn guten Taten wandeln. Zum großen Teil werden sie in den Welten der höheren Bereiche geboren werden. Die Gefilde der Götter werden sich mit Göttern und Götterkindern anfüllen. Wenn, ihr Großen Könige, ein König der Menschen dieses vortreffliche Suvarṇabhāsa, den mächtigen König der Sūtras, hört, es achtet, es ehrt, und wenn dieser König der Menschen die Mönche, Nonnen, Laienbrüder und Laienschwestern, die den mächtigen König der Sūtras bewahren, respektiert, wenn er sie hoch achtet, ehrt und verehrt, und wenn er aus Wohlwollen für euch, ihr Vier Großen Könige, mit euren Armeen und Gefolgschaften und Hunderttausenden von Yakṣas, immerfort dieses vortreffliche Suvarṇabhāsa, den mächtigen König der Sūtras anhört, so werden mit diesem fließenden Wasser des Hörens von Dharma, mit dem Nektarsaft des Dharma, diese eure Körper gesättigt werden, und die Majestät eurer göttlichen Körper wird mit großer Macht zunehmen. Große Tatkraft wird in euch entstehen, Energie und Kraft. Eure Majestät, euer Ruhm und eure Herrlichkeit werden sich vermehren. Und dieser Menschenkönig wird mir, dem Śākyamuni, dem Tathāgata, dem Arhat, dem vollkommen Erleuchteten unermessliche, große, umfassende und weit reichende Verehrung darbringen. Und zahlreichen Hunderttausenden von Millionen von vergangenen, gegenwärtigen und zukünftigen Tathāgatas wird dieser Menschenkönig mit unvorstellbaren, unermesslichen und üppigen Gütern Verehrung erweisen. Aus diesem Grund wird diesem Menschenkönig großer Schutz zuteil werden, Zuflucht, Obhut, Unterstützung, Schonung vor Strafe, Frieden und Wohlergehen. Und großer Schutz, Zuflucht, Obhut, Unterstützung, Schonung vor Strafe, Frieden und Wohlergehen wird seiner königlichen Gemahlin zuteil werden. Und den Königskindern, dem ganzen Gefolge der Hofdamen und dem ganzen Hofstaat wird großer Schutz zuteil werden, Zuflucht, Obhut, Unterstützung, Schonung vor Strafe, Frieden und Wohlergehen. Und alle [Schutz-] Gottheiten, die im Umkreis des Königspalastes leben, werden von großer

Majestät und Kraft, von unvorstellbarem Wohlsein und Glück erfüllt sein. Sie werden allerlei Freuden genießen. Die Städte, Länder und Gebiete werden beschützt sein, sie werden Unterstützung finden und frei sein von Not. Sie werden keine Feinde haben und nicht von fremden Mächten bedrängt werden, sie werden keinerlei Schaden erleiden und frei von Aufruhr sein."

Als der Erhabene so gesprochen hatte, da sagten der Große König Vaiśravaṇa, der Große König Dhṛtarāṣṭra, der Große König Virūḍhaka und der Große König Virūpākṣa das Folgende zum Erhabenen: „Wenn es, Erhabener, einen König geben sollte, der danach strebt, dieses vortreffliche Suvarṇabhāsa, den mächtigen König der Sūtras, zu hören, der wünscht, sich selbst großen Schutz zu verschaffen, der wünscht, seiner königlichen Gemahlin, den Prinzen, Prinzessinnen und dem ganzen Gefolge der Hofdamen großen Schutz zu verschaffen, der wünscht, dem ganzen Umkreis seines Palastes großen unvorstellbaren, unermesslichen, höchsten, unvergleichlichen Frieden und Wohlergehen zu verschaffen, der wünscht, dass sein Königreich in diesem Leben große Macht erlangen und seine Macht unvorstellbar zunehmen möge, der wünscht, mit unvorstellbarem Machtglanz versehen zu sein, der wünscht, eine grenzenlose Ansammlung von Verdienst zu erwerben, der wünscht, all seine Gebiete zu schützen, der wünscht, sie zu behüten, der wünscht, seine Gebiete vor jeglichem Schaden zu bewahren, der wünscht, dass sie frei seien von Not, frei von Feinden, unbesiegt von fremden Armeen und ohne Seuchen und Aufruhr, so muss dieser Menschenkönig, Erhabener, mit einem Geist ohne Ablenkung, mit Achtung und Respekt, diesem vortrefflichen Suvarṇabhāsa, dem mächtigen König der Sūtras Ehre erweisen und es anhören. Um dieses vortreffliche Suvarṇabhāsa, den mächtigen König der Sūtras, zu hören, soll dieser Menschenkönig sich in den Hauptpalast begeben. Und ist er in diesen Palast eingetreten, so muss er ihn mit verschiedenen Duftwassern besprengen und mit allerlei Blütenblättern bestreuen. Wenn dieser Palast mit verschiedenen Duftwassern besprengt und mit allerlei Blütenblättern bestreut ist, so soll ein Dharma-Thron errichtet werden, hoch und mit verschiedenen Kleinodien geschmückt. Und er muss diesen Ort mit verschiedenen Schirmen, Bannern und Flaggen dekorieren. Und dieser Menschenkönig muss seinen Leib gut waschen, muss wohlriechende Kleidung tragen, muss sich in schöne neue Gewänder kleiden und verschiedene Schmuckstücke anlegen. Für ihn selbst muss ein niedrigerer Sitz bereitet werden. Wenn er dann auf seinem Sitz Platz genommen hat, soll er ob seiner Stellung als Herrscher keinen Hochmut hegen. Er soll keine Anhaftung an seine königliche Macht haben. Mit einem Geist frei von jeglichem Stolz, jeglicher Eitelkeit und Überheblichkeit muss er dieses vortreffliche Suvarṇabhāsa, den mächtigen König der Sūtras, anhören. Hinsichtlich des Mönches, der den Dharma verkündet, muss er den Gedanken hervorbringen, dass der Mönch der Lehrer ist. Und der König der Menschen muss zu dieser Zeit, bei dieser Gelegenheit, mit Liebe und Wohlwollen auf seine königliche Gemahlin, die Prinzen, Prinzessinnen und das ganze Gefolge der Hofdamen schauen. Mit freundlichen Worten muss er zu seiner königlichen Gemahlin, den Prinzen und Prinzessinnen sprechen. Er muss mit freundlichen Worten zu dem ganzen Gefolge der Hofdamen sprechen. Um den Dharma zu hören, soll er verschiedene Gaben darbringen. Und er soll sich von unvorstellbarem, unvergleichlichem Glück durchdrungen fühlen und von unermesslicher Freude. Er soll frohe Sinne[skräfte] haben. Er soll sich vornehmen, ein hohes Ziel zu erlangen. Er soll von großer Freude erfüllt sein. Und von großer Freude erfüllt soll er den Verkünder des Dharma willkommen heißen."

Als dies gesagt war, sprach der Erhabene zu den Vier Großen Königen: „Ihr Großen Könige, der Menschenkönig soll sich zu dieser Zeit, bei dieser Gelegenheit ganz in schöne, neue, weiße Gewänder kleiden, er soll verschiedene Schmuckstücke und Kleinodien anlegen, er soll einen weißen Sonnenschirm halten, er soll seinen Palast mit großem königlichem Prunk verlassen, unter großer Zurschaustellung königlichen Machtglanzes, und er soll verschiedene Glück verheißende Gegenstände mit sich führen. So soll er dem Mönch entgegengehen, der den Dharma verkündet, um ihn willkommen zu heißen. Wozu das? Ebenso viele Schritte wie der Menschenkönig dorthin tut, so viele Hunderttausende von Millionen von Buddhas wird er erfreuen, für so viele Hunderttausende von Millionen von Weltzeitaltern wird er den Daseinskreislauf zerstören, so viele Hunderttausende Mal wird er die Königspaläste eines Cakravartin erlangen.[78] Ebenso viele Schritte, wie er dorthin tut, um so viel Mal wird seine unvorstellbare Macht anwachsen. Für zahlreiche Hunderttausende von Millionen von Weltzeitaltern wird er weitläufige, ausgedehnte Residenzen erlangen, unermessliche Götterpaläste aus sieben Arten von Juwelen, zahlreiche Hunderttausende von edlen, himmlischen und menschlichen Palästen wird er erlangen. In all seinen Geburten wird er große Macht erlangen, er wird lange leben, er wird ein hohes Alter erreichen, er wird selbstbewusst sein, des Lobes würdig, er wird gerühmt werden, er wird hohes Ansehen genießen, er wird des Beifalls würdig sein. Er wird der Welt mit ihren Göttern, Menschen und Asuras Heil spenden. Er wird immer größeres menschliches Glück genießen. Er wird große Macht besitzen. Er wird die Macht und die Kraft des großen Elefanten besitzen, und er wird stattlich sein. Liebenswert wird er sein und von angenehmer Erscheinung. Er wird von großer Herrlichkeit und heller Farbe sein. In all seinen Geburten wird er Tathāgatas begegnen, und er wird spirituelle Lehrer finden. Eine grenzenlose Ansammlung von Verdiensten wird sein eigen sein. Ihr Großen Könige, wenn er diese und andere Vorzüge sieht, so soll der König dem Verkünder des Dharma ein Yojana[79] weit, hundert Yojanas weit, tausend Yojanas weit zum Willkommen entgegengehen. Und hinsichtlich dieses Verkünders des Dharma soll er den Gedanken hervorbringen, dass dieser der Lehrer ist. So soll er denken: ‚Heute wird Śākyamuni, der Tathāgata, der Arhat, der vollkommen Erleuchtete, in meinem Königspalast speisen. Heute werde ich von Śākyamuni, dem Tathāgata, dem Arhat, dem vollkommen Erleuchteten, den Dharma hören, der sich von den Lehren aller Welten unterscheidet. Aufgrund des Dharma, den ich heute höre, werde ich mich nie wieder von höchster, vollkommener Erleuchtung abkehren. Heute werde ich viele Hunderttausende von Millionen von Tathāgatas erfreuen. Heute werde ich den vergangenen, gegenwärtigen und zukünftigen Bhagavan Buddhas unvorstellbare, große, umfassende und weit reichende Verehrung erweisen. Heute werde ich den Strom aller Leiden der Höllen, der Tiergeburten und der Welt Yāmas für immer unterbinden. Heute werde ich die Samen von Tugendwurzeln hervorbringen, um zahlreiche Hunderttausende von Millionen Male den Körper eines Brahma-Königs zu erlangen. Heute werde ich die Samen für Tugendwurzeln säen, um zahlreiche Hunderttausende von Millionen Male den Körper von Indra selbst zu erlangen. Heute werde ich die Samen für Tugendwurzeln säen, um zahlreiche Hunderttausende von Millionen Male den Körper eines Cakravartin-Königs zu erlangen. Heute werde ich Hunderttausende von Millionen von Lebewesen aus dem Daseinskreislauf befreien. Heute werde ich eine unermessliche, unübertroffene, unvorstellbar große und weit reichende Ansammlung von Verdiensten erlangen. Heute werde ich dem ganzen Gefolge der Hofdamen zu großem Schutz verhelfen. Heute werde ich hier in meinem Palast großen, unvorstellbaren, unermesslichen, höchsten, unvergleichlichen Frieden und Wohlergehen spenden. Heute werde ich mein ganzes Gebiet beschützen. Ich werde es sicher machen, frei von Schaden, frei von Feinden und unbesiegbar für alle fremden Mächte, und ich werde es frei machen von allen Seuchen und Unruhen.‘ Und wenn, ihr Großen Könige, dieser Menschenkönig mit solcher und dergleichen Verehrung für den heiligen Dharma die Mönche, Nonnen, Laienbrüder und Laienschwestern, die das vortreffliche Suvarṇabhāsa, den mächtigen König der Sūtras, bewahren, ehrt, hoch achtet, wenn er ihnen huldigt und ihnen Ehrerbietung erweist, wenn er den besten Teil [des Verdienstes, das er so erlangt hat] euch, den Vier Großen Königen mit euren Armeen und Gefolgschaften, der großen Zahl der Götter und zahlreichen Hunderttausenden von Yakṣas darbietet, so wird die Kraft seiner Verdienste und seines Glückes und die Macht und Größe seiner königlichen Herrschaft in diesem Leben unvorstellbar zunehmen. Er wird mit unvorstellbarem königlichem Machtglanz gesegnet sein. Majestät, Glanz und Ruhm werden ihn zieren, und alle fremden Feinde wird er im Einklang mit dem Dharma unterwerfen."

Als er so gesprochen hatte, sagten die Vier Großen Könige zum Erhabenen: „Wenn, Erhabener, ein Menschenkönig das vortreffliche Suvarṇabhāsa, den mächtigen König der Sūtras, mit solcher oder ähnlicher Verehrung für den Dharma anhört und wenn er die Mönche, Nonnen, Laienbrüder und Laienschwestern, die den mächtigen König der Sūtras bewahren, ehrt, hoch achtet, ihnen huldigt und Ehrerbietungen erweist, und wenn dann dieser Menschenkönig für uns, die Vier Großen Könige, seinen Palast gründlich fegt, ihn mit verschiedenen wohlriechenden Wassern besprengt, wenn er dann diesen Dharma mit uns, den Vier Großen Königen, gemeinsam anhört, wenn er dann auch nur einen kleinen Teil seiner Tugendwurzeln um seines eigenen Wohles und um des Wohles aller Götter willen darbietet, wenn dann, Erhabener, dieser Menschenkönig um unseres, der Vier Großen Könige, Wohles willen, gleich nachdem der Mönch, der den Dharma predigt, sich auf dem Thron des Dharma niedergelassen hat, verschiedenes Räucherwerk entzündet, so werden, Erhabener, kaum dass er verschiedenes Räucherwerk entzündet hat, um dem vortrefflichen Suvarṇabhāsa, dem mächtigen König der Sūtras, zu huldigen, Schwaden mannigfaltiger Düfte und wohlriechenden Räucherwerks aufsteigen. In eben diesem Moment, in diesem Augenblick, in dieser Sekunde werden im Raum über unseren eigenen Palästen, den Palästen der Vier Großen Könige, Schwaden mannigfaltiger Düfte in der Form von Sonnenschirmen erscheinen. Der Wohlgeruch von

Räucherwerk wird sich verbreiten. Goldfarbenes Licht wird scheinen. Und mit diesem Licht werden unsere Paläste erleuchtet werden. Und Schirme aus Schwaden verschiedener Düfte und wohlriechenden Räucherwerks werden im selben Moment, im selben Augenblick, in der selben Sekunde im Raum über den jeweiligen Palästen von Brahma, dem Herrn der Sahā-Welt, von Indra, dem Herrn der Götter, von Sarasvatī, der Großen Göttin, von Dṛḍhā, der Großen Göttin, von Śrī, der Großen Göttin, von Saṃjñāya, dem großen General der Yakṣas, den achtundzwanzig großen Yakṣa-Generälen, von Maheśvara, dem Göttersohn, von Vajrapāṇi, dem großen General der Yakṣas, von Māṇibhadra, dem großen General der Yakṣas, von Hārītī mit ihrem Gefolge von fünfhundert Söhnen, von Anavatapta, dem Großen Nāgakönig, und von Sāgara, dem Großen Nāgakönig, erscheinen. Der Wohlgeruch von Räucherwerk wird sich verbreiten. Und im Innern ihrer Paläste werden goldfarbene Lichter zu sehen sein. Mit diesem Licht werden all ihre Wohnstätten erleuchtet werden."

Als dies gesagt war, sprach der Erhabene zu den Vier Großen Königen: „Ihr Vier Großen Könige, nicht nur im Raum über euren Palästen, den Palästen der Vier Großen Könige, werden diese Schwaden verschiedener Düfte und wohlriechenden Räucherwerks in Form von Sonnenschirmen verweilen. Warum? Im selben Augenblick, ihr Großen Könige, in welchem jener Menschenkönig die verschiedenen Wohlgerüche entzündet, um damit dieses vortreffliche Suvarṇabhāsa, den mächtigen König der Sūtras, zu ehren, und ein Räuchergefäß in der Hand hält, aus welchem Schwaden verschiedener Wohlgerüche und duftenden Rauchs aufsteigen, im selben Moment, in derselben Sekunde, werden in diesem ganzen *Dreitausend-große-Tausend-Weltsystem* mit seinen hundert Millionen Monden, Sonnen und großen Ozeanen, mit seinen Hunderten Millionen Sumerus, den Königen der Berge, mit seinen Cakravāḍas[80] und Mahācakravāḍas[81], Hunderten Millionen Weltsphären mit vier großen Kontinenten, mit seinen Hunderten Millionen Göttern von der Art der Vier Großen Könige, der Dreiunddreißig Götter, der Yāmagötter, Tuṣitagötter, Nirmāṇaratigötter, Paranirmitavaśavartingötter[82], bei all diesen Göttern in dieser *Dreitausend-große-Tausend-Weltsphäre*, bei Hunderten von Millionen von Gruppen von Dreiunddreißig Göttern und im Himmel über den verschiedenen Residenzen aller Gruppen von Göttern, Nāgas, Yakṣas, Gandharvas, Asuras, Garuḍas, Kiṃnaras und Mahoragas werden diese Schwaden verschiedener Wohlgerüche und duftenden Rauchs in Form von Schirmen erscheinen. Und der Wohlgeruch von Räucherwerk wird sich verbreiten. In den Wohnstätten aller Götter werden goldfarbene Lichter zu sehen sein. Und durch dieses Licht werden die Wohnstätten aller Götter erhellt werden. Und so, wie im Raum über den Wohnstätten aller Götter in diesem *Dreitausend-große-Tausend-Weltsystem* diese Schirme aus Schwaden von verschiedenen Wohlgerüchen und Räucherwerk verweilen, so werden, ihr Großen Könige, kraft der Majestät dieses vortrefflichen Suvarṇabhāsa, des Königs der Sūtras, im selben Augenblick, in welchem jener Menschenkönig diese verschiedenen wohlriechenden Substanzen abbrennt, um damit dieses vortreffliche Suvarṇabhāsa, den mächtigen König der Sūtras, zu ehren, Schwaden verschiedenster Düfte aufsteigen. In diesem Moment, in diesem Augenblick, in dieser Sekunde, werden zu allen Seiten in den zehn Richtungen in zahlreichen

Weltsphären, in so vielen Hunderttausenden von Millionen von Buddha-Ländern wie Sand im Fluss Ganges diese Schwaden von verschiedenen Wohlgerüchen und Räucherwerk im Raum über so vielen Hunderttausenden von Millionen von Tathāgatas wie Sand im Fluss Ganges in Form von Schirmen erscheinen. Und auch bei den zahlreichen Hunderttausenden von Millionen von Tathāgatas wird sich der Wohlgeruch von Räucherwerk verbreiten. Goldfarbene Lichter werden zu sehen sein. Und so viele zahlreiche Hunderttausende von Millionen von Buddha-Ländern wie Sand im Fluss Ganges werden von diesem Licht erleuchtet werden. Im selben Augenblick, ihr Großen Könige, in welchem diese und ähnliche große Wunder geschehen sind, werden so viele zahlreiche Hunderttausende von Millionen von Tathāgatas wie Sandkörner im Fluss Ganges an diesen Verkünder des Dharma denken, und sie werden ihn loben: ‚Gut so, gut so, Vortrefflicher! Und noch einmal, gut so, Vortrefflicher, da es dich danach verlangt, das herrliche Suvarṇabhāsa, den mächtigen König der Sūtras, das von so tiefgründiger Erscheinung ist, das so unvorstellbare Vorzüge besitzt, auf diese Weise ausführlich, korrekt und vollständig bekannt zu machen. Wenn die Tugendwurzeln derjenigen Wesen, die dieses vortreffliche Suvarṇabhāsa, den mächtigen König der Sūtras, lediglich hören, schon keine geringen sind, um wie viel weniger sind es diejenigen derer, die es annehmen, im Geiste bewahren, die es lehren, lesen, verinnerlichen und die es ihr Umfeld ausführlich, korrekt und vollständig lehren. Warum ist das so? Sobald sie, Vortrefflicher, dieses vortreffliche Suvarṇabhāsa, den mächtigen König der Sūtras, gehört haben, werden Hunderttausende von Millionen von Bodhisattvas sich nie wieder von höchster und vollkommener Erleuchtung abkehren.‘

Da aber werden diese Hunderttausende von Millionen von Tathāgatas in allen zehn Richtungen in so vielen Hunderttausenden von Millionen von Buddhaländern wie Sandkörner im Fluss Ganges, ein jeder in seinem Buddhaland, im selben Moment, im selben Augenblick mit einer Rede, mit einer Stimme, mit einem einzigen Klang so zu dem Verkünder des Dharma auf dem Thron des Dharma sprechen: ‚Du wirst, Vortrefflicher, in künftiger Zeit die Essenz der Erleuchtung erlangen. Und wenn du, Vortrefflicher, sitzend unter dem König der Bäume, die Essenz der Erleuchtung erlangt hast, wirst du erhaben sein in der ganzen dreifachen Welt. Alle Lebewesen wirst du bei weitem überragen, du wirst die Kraft asketischer Übung und Disziplin hervorbringen, und du wirst viele Hunderttausende von Millionen schwer zu vollbringender Taten zeigen, deren Segnungen schwer zu erlangen sind. Du wirst, Vortrefflicher, die Essenz der Erleuchtung vorzüglich schmücken. Du wirst, Vortrefflicher, alle *Dreitausend-große-Tausend-Weltsysteme* vollkommen beschützen. Sitzend unter dem König der Bäume wirst du, Vortrefflicher, die unvorstellbaren Scharen von Māras bezwingen, die sich in Furcht erregender, garstiger Gestalt, in allerhand abscheulichen Formen zeigen. Du wirst, Vortrefflicher, die Essenz unübertroffener und vollständiger Erleuchtung erlangen, beispiellosen, tiefgründigen, makellosen Frieden, und du wirst fürwahr ein vollkommener Buddha werden. In der unerschütterlichen Mitte des Vajra-Sitzes verweilend wirst du, Vortrefflicher, das Rad des Dharma mit seinen unübertrefflichen, tiefgründigen zwölf Aspekten[83] vorzüglich drehen, das von allen zuhöchst gepriesen wird. Du wirst, Vortrefflicher, die unübertreffliche Pauke des Dharma schlagen. Du wirst, Vortrefflicher, das unübertreffliche Muschelhorn des Dharma blasen. Du wirst, Vortrefflicher, das große Banner des Dharma erheben. Du wirst, Vortrefflicher, die unübertreffliche Fackel des Dharma entzünden. Du wirst, Vortrefflicher, den unübertrefflichen großen Regen des Dharma herabregnen lassen. Du wirst, Vortrefflicher, zahlreiche Hunderttausende von Feinden, die Leidenschaften, besiegen. Du wirst, Vortrefflicher, zahlreiche Hunderttausende von Millionen von Wesen vom großen Meer der Furcht und des Schreckens erretten. Du wirst, Vortrefflicher, zahlreiche Hunderttausende von Millionen von Wesen aus dem Rad des Daseinskreislaufs befreien. Vortrefflicher, du wirst zahlreiche Hunderttausende von Millionen von Buddhas erfreuen.'"

Nachdem dies gesagt war, sprachen die Vier Großen Könige zum Erhabenen: „Aus Wohlwollen mit dem Menschenkönig, Erhabener, der die Vorzüge erkannt hat, welche in diesem und künftigen Leben durch dieses vortreffliche Suvarṇabhāsa, den mächtigen König der Sūtras, entstehen, der unter Tausenden von Buddhas Tugendwurzeln hervorgebracht hat, der eine unermessliche Ansammlung von Verdiensten erlangt hat, werden wir, die Vier Großen Könige, mit unseren Armeen und Gefolgschaften, zusammen mit zahlreichen Hunderttausenden von Yakṣas, sobald die Schirme von Schwaden verschiedener Wohlgerüche und duftenden Rauchs in unseren Wohnstätten uns dazu anregen, uns mit unsichtbaren Körpern zum Palast jenes Königs der Menschen begeben, dessen Hallen von Staub befreit sind, die mit verschiedenen duftenden Wassern besprengt sind, die mit allerhand

Zierrat geschmückt sind, um dort den Dharma anzuhören. Brahma, der Herr der Sahā-Welt, Indra, der Herr der Götter, Sarasvatī, die Große Göttin, Dṛḍhā, die Große Göttin, Śrī, die Große Göttin, Saṃjñāya, der Große General der Yakṣas, die achtundzwanzig Großen Generäle der Yakṣas, Maheśvara, der Göttersohn, Vajrapāṇi, der Große General der Yakṣas, Māṇibhadra, der Große General der Yakṣas, Hārītī, mit ihrem Gefolge von fünfhundert Söhnen, Anavatapta, der Große Nāgakönig, und Sāgara, der Große Nāgakönig, und zahlreiche Hunderte von Tausenden von Millionen von Göttern werden mit unsichtbaren Körpern zum Palast des Königs der Menschen kommen, der üppig mit allerlei Schmuckwerk versehen ist, in welchem für den Verkünder des Dharma ein Dharma-Thron errichtet ist, mit allerhand Zierrat überreich geputzt und erhöht über der blumenbestreuten Erde, um den Dharma zu hören. All das, Erhabener, wird unser, der Vier Großen Könige, Wohlwollen finden und das unserer Armeen und Gefolgschaften von zahlreichen Hunderttausenden von Yakṣas. Sobald wir von dem Spender der Gabe des unübertrefflichen, großen Dharma mit dem Nektarsaft des Dharma gesättigt sind, werden wir diesem Menschenkönig, der zu seiner Seite einen spirituellen Lehrer hat, welcher die Ansammlungen guter Werke bewirkt, unseren Schutz gewähren, wir werden ihm Zuflucht gewähren, Obhut und Unterstützung, und wir werden für seinen Frieden und sein Wohlergehen sorgen. Und wir werden dem Palast des Menschenkönigs, seiner Stadt und seinem Lande Schutz gewähren, wir werden ihm Zuflucht gewähren, Obhut, und Unterstützung, und wir werden für seinen Frieden und sein Wohlergehen und für Schonung vor Strafe sorgen, und wir werden sein

Land von aller Furcht und allem Schaden, von Seuchen und Aufruhr befreien.

Wenn aber, Erhabener, irgendein Menschenkönig, während dieses vortreffliche Suvarṇabhāsa, der mächtige König der Sūtras, in seinem Lande verweilt, die Mönche, Nonnen, Laienbrüder und Laienschwestern, die dieses vortreffliche Suvarṇabhāsa, den mächtigen König der Sūtras, bewahren, nicht ehrt, nicht hoch achtet, wenn er ihnen nicht huldigt, und wenn er ihnen keine Ehrerbietung erweist, und wenn er uns, die Vier Großen Könige, und die zahlreichen Hunderttausende von Millionen von Yakṣas nicht mit dem Hören des Dharma, mit diesem Nektarsaft des Dharma sättigt und Ehre erweist, wenn er die Majestät unserer göttlichen Körper nicht anwachsen lässt, wenn er keine Tatkraft, Energie und Kraft in uns entstehen lässt, wenn er Glanz, Ruhm und Herrlichkeit unserer Körper nicht vermehrt, Erhabener, so werden wir, die Vier Großen Könige, mit unseren Armeen und Gefolgschaften, mit Hunderttausenden von Millionen von Yakṣas dieses Land verlassen. Wenn wir, Erhabener, dieses Land verlassen, so werden alle Gruppen von Göttern, die im Lande weilen, dasselbe verlassen. Wenn aber die Götter, Erhabener, das Land verlassen, so werden in diesem Gebiet verschiedene örtliche Unruhen entstehen. Es wird erbitterte Auseinandersetzungen unter den Königen geben. Die Wesen im ganzen Land werden sich bekämpfen, sie werden einander kritisieren, sie werden streiten und zanken und sich gegenseitig ruinieren. Verschiedene Planeten und Krankheiten werden in ihrem Gebiet auftreten. Kometenschauer werden aus verschiedenen Richtungen herabkommen. Planeten und Sterne werden in Unordnung geraten. Beim Mondaufgang werden

Abbilder der Sonne zu sehen sein. Es werden Sonnenfinsternisse und Mondfinsternisse auftreten. Wenn Sonne und Mond am Himmel stehen, werden sie ununterbrochen von Rāhu[84] beeinträchtigt werden. Von Zeit zu Zeit werden regenbogenfarbene Lichthöfe am Himmel erscheinen. Es wird Erdbeben geben. Aus den Quellen der Erde werden Geräusche ertönen. Heftige Stürme werden sich im Land erheben. Schwere Regen werden fallen. Hungersnöte werden im Lande ausbrechen, und das Land wird von fremden Armeen unterdrückt werden.

Das Land wird verwüstet, und die Leidenschaften der Lebewesen werden zunehmen. Das Land wird in einen beklagenswerten Zustand geraten. Wenn wir, Erhabener, die Vier Großen Könige, mit unseren Armeen und Gefolgschaften, mit Hunderttausenden von Millionen von Yakṣas und den Göttern und Nāgas, die in diesem Lande weilen, das Land verlassen, so werden in diesem Lande Hunderte solcher unterschiedlicher Nöte, Tausende von Nöten auftreten.

Wenn aber, Erhabener, ein Menschenkönig machtvollen Schutz für sich sucht, wenn er danach trachtet, für lange Zeit allerlei königliche Freuden zu erfahren, wenn er wünscht, seine Herrschaft mit einer Gesinnung auszuüben, die alles Glück gewährt, wenn er wünscht, alle Wesen in seinem Lande glücklich zu machen, wenn er wünscht, alle fremden Armeen zu bezwingen, wenn er wünscht, sein ganzes Land für eine lange Zeit zu schützen, wenn er wünscht, seine Herrschaft stets im Einklang mit dem Dharma auszuüben, und wünscht, sein Land von aller Furcht, Not, Krankheit und von Aufruhr zu befreien, so muss dieser Menschenkönig, Erhabener, zweifellos dieses vortreffliche Suvarṇabhāsa, den mächtigen König der Sūtras, hören. Die Mönche, Nonnen, Laienbrüder und Laienschwestern, die den mächtigen König der Sūtras bewahren, soll er ehren und hoch achten, er soll ihnen huldigen und ihnen Ehrerbietung erweisen. Und mit dieser Anhäufung von Tugendwurzeln, die dem Hören des Dharma entspringen, dem Nektarsaft des Dharma, soll er uns, die Vier Großen Könige, mit unseren Armeen und Gefolgschaften sättigen und so die Majestät unserer göttlichen Körper mit Macht anwachsen lassen.

Aus welchem Grund, Erhabener, muss dieser Menschenkönig das vortreffliche Suvarṇabhāsa, den mächtigen König der Sūtras, zweifellos anhören? Wie viele verschiedene weltliche und überweltliche Abhandlungen auch vom mächtigen Brahma gelehrt wurden, wie viele unterschiedliche weltliche und überweltliche Schriften, Erhabener, auch von Indra, dem Herrn der Götter, dargelegt wurden, wie viele weltliche und überweltliche Schriften zum Wohle der Lebewesen auch von den verschiedenen Riṣis dargelegt wurden, welche die fünf Arten von Hellsicht besitzen, dieses vortreffliche Suvarṇabhāsa, der mächtige König der Sūtras, übertrifft und überragt sie bei weitem. Erhabener, all die Hunderttausende Brahma-Herrscher, die zahlreichen Hunderttausende von Millionen Indras und die Hunderttausende von Millionen Riṣis, welche die fünf Arten von Hellsicht besitzen, werden doch übertroffen und bei weitem überragt vom Tathāgata, der dieses vortreffliche Suvarṇabhāsa, den mächtigen König der Sūtras, zum Wohle der Lebewesen ausführlich dargelegt hat, damit die Könige der Menschen in ganz Jambudvīpa ihre Herrschaft [in rechter Weise] ausüben, um alle Wesen glücklich zu machen, um das eigene Gebiet zu beschützen und zu unterstützen, um alle Gebiete vor Schaden und vor Feinden zu bewahren, um alle fremden Mächte zu besiegen und zurückzuschlagen und damit in diesen Ländern keine Seuchen und kein Aufruhr entstehen, damit aufgrund des Dharma all diese Länder nicht unterdrückt werden, damit diese Könige der Menschen in ihren jeweiligen Ländern die große Fackel des Dharma entzünden und leuchten lassen, um die Wohnstätten der Götter anzufüllen mit Göttern und Götterkindern, um uns, die Vier Großen Könige, mit unseren Armeen und Gefolgschaften, mit vielen hunderttausend Yakṣas und mit all den Scharen von Göttern, die sich im ganzen Jambudvīpa aufhalten, zu sättigen und uns zu huldigen, damit die Majestät unserer göttlichen Körper zunimmt und um in unseren Körpern große Tatkraft, Stärke und Energie zu erzeugen, um Tatkraft, Stärke und Energie in unsere Körper einziehen zu lassen, um dieses ganze Jambudvīpa fruchtbar zu machen, angenehm und angefüllt mit Menschen und anderen Lebewesen, damit alle Wesen in ganz Jambudvīpa glücklich werden, damit sie mannigfaltige Freuden erfahren, damit Wesen während zahlreicher Hunderter von Tausender von Millionen von Zeitaltern mehr und mehr göttliches und menschliches Glück erfahren, damit sie zu einer Zeit leben, in welcher Bhagavan Buddhas verweilen und damit sie in künftiger Zeit vollendete Buddhas werden, die zur höchsten und vollkommenen Erleuchtung erwacht sind. Damit all das geschehen möge, hat der Bhagavan, der Tathāgata, der Arhat, der vollkommen Erwachte, dessen Segen die Macht großen Erbarmens besitzt und [den Segen] von Hunderttausenden von Millionen von Brahma-Herrschern übertrifft, dessen unübertreffliche Tathāgata-Weisheit die Götter-Weisheit von

Hunderttausenden von Millionen von Indras bei weitem übertrifft, dessen Segen all die vielen Hunderttausende von Millionen von Scharen von Riṣis übertrifft, die alle die fünf Arten von Hellsicht besitzen, hier in Jambudvīpa zum Wohle aller Lebewesen ausführlich dieses vortreffliche Suvarṇabhāsa, den mächtigen König der Sūtras, dargelegt. Welche königlichen Aufgaben, königlichen Textbücher und königlichen Taten es in ganz Jambudvīpa auch geben mag, durch welche die Wesen Segnungen empfangen, all diese wurden vom Bhagavan, dem Tathāgata, dem Arhat, dem vollkommen Erleuchteten, in diesem vortrefflichen Suvarṇabhāsa, dem mächtigen König der Sūtras gelehrt, zum Ausdruck gebracht und ausführlich erläutert. Aus diesem Grund, Erhabener, aus dieser Veranlassung soll der Menschenkönig dieses vortreffliche Suvarṇabhāsa, den mächtigen König der Sūtras, zweifellos mit Respekt hören, und er soll ihm mit Respekt huldigen und ihm Ehrerbietung erweisen."

Als dies gesagt war, sprach der Erhabene zu den Vier Großen Königen: „Darum sollt ihr, die Vier Großen Könige, mit euren Armeen und Gefolgschaften jene Könige der Menschen, welche dieses vortreffliche Suvarṇabhāsa, den mächtigen König der Sūtras, hören, ihm huldigen und Ehrerbietung erweisen, zweifellos mit großer Tatkraft beschützen. Und ihr Großen Könige sollt diese Mönche, Nonnen, Laienbrüder und Laienschwestern, die den mächtigen König der Sūtras bewahren, ferner veranlassen, die Buddha-Aktivitäten zu bewahren. Dieselben werden in der Welt der Götter, Menschen und Asuras die Buddha-Aktivitäten vollbringen. Und sie werden dieses vortreffliche Suvarṇabhāsa, den mächtigen König der Sūtras, ausführlich darlegen. Ihr Vier Großen Könige sollt diesen Mönchen, Nonnen, Laienbrüdern und Laienschwestern, die den mächtigen König der Sūtras bewahren, ganz gewiss Schutz gewähren, sollt ihnen Zuflucht und Obhut gewähren, Frieden und Wohlergehen, so dass alle Mönche, Nonnen, Laienbrüder und Laienschwestern, die den mächtigen König der Sūtras bewahren, beschützt sind vor Schaden, frei von Krankheit und Not, frohen Sinnes, damit sie den Wesen dieses vortreffliche Suvarṇabhāsa, den mächtigen König der Sūtras, korrekt und ausführlich darlegen."

Da erhoben sich der Große König Vaiśravaṇa, der Große König Dhṛtarāṣṭra, der Große König Virūḍhaka und der Große König Virūpākṣa von ihren Sitzen, bedeckten eine Schulter mit ihren Roben, schlugen das Obergewand über eine Schulter, berührten mit dem rechten Knie die Erde, verneigten sich mit aneinander gelegten Handflächen in Richtung des Erhabenen und priesen alsdann den Erhabenen von Angesicht zu Angesicht mit den folgenden geziemenden Versen:

„Dein Körper, Sugata, ist rein wie der Mond.
Du hast, Sugata, den Strahlenglanz von tausend Sonnen.
Deine Augen, Sugata, sind rein wie der Lotus.
Deine Zähne, Sugata, sind rein wie Lotuswurzeln.

Deine Tugenden, Sugata, sind wie das Meer,
eine Quelle von zahllosen Juwelen.
Du bist, Sugata, wie das Meer,
vom Wasser der Weisheit, von Hunderttausenden von
Samādhis erfüllt.

Deine Füße, Sugata, tragen das Zeichen eines Rades,
wie ein Kreis, umkränzt von tausend Speichen,
deine Hände und Füße werden von einem Netz geziert,
das Netz deiner Füße gleicht dem der Königsgans.

Der Sugata ist wie der goldene Berg,
makellos wie der goldene Herr der Berge,
vor dir, der du alle Vorzüge besitzt, wie Berg Meru,
vor dem Sugata, dem Herrn der Berge, verneigen wir uns.

Der Buddha ist dem Vollmonde gleich,
rein wie der Raum und dem Raume gleich,
wie eine Illusion, eine Luftspiegelung,
vor dem Sugata, der rein ist, von Anhaften frei, verneigen wir uns."

Da aber sprach der Erhabene zu den Vier Großen Königen in Versen:

„Ihr, die Weltbeschützer, sollt mit stetigem Bemühen
diesen allerbesten König der Sūtras,
das vortreffliche Suvarṇabhāsa
der Buddhas fördern und bewahren.

Weil dieses juwelengleiche Sūtra tiefgründig ist,
und weil es allen Wesen Glück spendet,
soll es für lange Zeit zum Nutzen und Wohlergehen
der Wesen in Jambudvīpa bestehen bleiben.

Dadurch werden in diesem ganzen
Dreifach-Tausend-große-Tausend-Weltsystem
alle Leiden der schlimmen Bereiche
und die Leiden der Wesen in den Höllen getilgt werden.

Alle Könige von Jambudvīpa
sollen allergrößte Freude hervorbringen,
und sie sollen ihre Länder
mithilfe des Dharma fördern.

Möge dadurch dieses Jambudvīpa
glücklich werden, fruchtbar und erfreulich,
und möge allen Wesen in allen Jambudvīpas
Glück zuteil werden!

Ein Herrscher der Menschen, dem sein Land am Herzen liegt,
dem sein eigenes Glück am Herzen liegt,
dem das Königreich, das er sein Eigen nennt, am Herzen liegt,
soll diesen König der Sūtras anhören.

Dieser König der Sūtras beseitigt Feinde,
er schlägt fremde Armeen zurück,
er vertreibt schlimme Furcht und Not,
und er bewirkt den allergrößten Nutzen.

Wie einen schönen, wunscherfüllenden Juwelenbaum im eigenen Hause,
wie eine Quelle aller guten Qualitäten,

so sollen Könige, die nach guten Qualitäten streben,
diesen König der Sūtras betrachten.

So wie für einen Durstigen, der in der Hitze dahinsiecht,
kaltes Wasser Erquickung ist,
geradeso ist dieser höchste König der Sūtras
[Erquickung] für den König, der nach guten Qualitäten dürstet.

Wie ein Schmuckkästchen auf der Handfläche
eine Quelle von Kleinodien ist,
so ist auch das vortreffliche Suvarṇabhāsa, der mächtige König der Sūtras,
[eine solche] für die große Schar von Königen der Menschen.

Dieser König der Sūtras wird von Scharen von Göttern verehrt,
der Herr der Götter verneigt sich vor ihm,
und die vier Weltbeschützer,
die große magische Kräfte besitzen, beschützen ihn.

Denn dieser König der Sūtras wird immerdar
von den Buddhas der zehn Richtungen bewacht,
und wenn dieser König der Sūtras dargelegt wird,
so spenden sie Lob mit Worten des Beifalls: ‚Gut so!'

Hunderttausende von Yakṣas beschützen mit Freuden
jeden Ort in den zehn Richtungen,
an welchem sie den mächtigen König der Sūtras
mit Freude und Vertrauen hören.

Unvorstellbare Scharen von Göttern weilen in
Jambudvīpa,
und all diese Scharen von Göttern
hören diesen König der Sūtras ebenso mit Freuden.

Durch das Hören des Dharma erlangen sie
Glanz, Stärke und Tatkraft,
und die Majestät ihrer göttlichen Körper wird
mit großer Macht zunehmen."

Nachdem die Vier Großen Könige solche Verse in Gegenwart des Bhagavan gehört hatten, waren sie verwundert, erstaunt, erfreut. Von der Kraft des Dharma bewegt, weinten sie eine Weile und trockneten sich dann die Tränen. Mit bebenden Körpern, an allen Gliedern zitternd, von unermesslicher Freude, Wonne und Glück erfüllt, überhäuften sie den Erhabenen über und über mit göttlichen Māndārava-Blumen. Und Blumen streuend erhoben sie sich von ihren Sitzen, bedeckten eine Schulter mit ihren Roben, berührten mit dem rechten Knie die Erde, verneigten sich mit aneinander gelegten Handflächen in Richtung des Erhabenen und sprachen also zum Erhabenen: „Wir, Erhabener, die Vier Großen Könige, ein jeder mit einer Gefolgschaft von fünfhundert Yakṣas, werden immerdar bei dem Mönch sein, der den Dharma lehrt, um diesen Verkünder des Dharma zu beschützen und zu fördern."

[So endet] das siebte Kapitel, „Die Vier Großen Könige", in dem vortrefflichen Suvarṇabhāsa, dem mächtigen König der Sūtras.

8. Kapitel

Sarasvatī

Da bedeckte Sarasvatī[85], die Große Göttin, eine Schulter mit ihrem Gewand, berührte mit dem rechten Knie die Erde, verneigte sich mit aneinander gelegten Handflächen in Richtung des Erhabenen und sprach zum Erhabenen:

„Erhabener, ich, die Große Göttin Sarasvatī, will der Rede des Mönches, der den Dharma predigt, Eloquenz gewähren, um seinen Worten Schönheit zu verleihen. Und ich will ihm ein Dhāraṇī gewähren. Ich will die Substanz seiner Rede so anordnen, dass sie gut formuliert ist. Ich will dem Mönch, der den Dharma predigt, die großartige Erscheinung erhabener Weisheit gewähren. Welche Worte oder Buchstaben von diesem vortrefflichen Suvarṇabhāsa, dem mächtigen König der Sūtras, auch verloren oder vergessen worden sein mögen, ich werde den Mönch, der den Dharma lehrt, dazu veranlassen, all diese Worte und Buchstaben wiederherzustellen. Und ich werde ihm ein Dhāraṇī gewähren, damit das vortreffliche Suvarṇabhāsa, der mächtige König der Sūtras, zum Wohle der Wesen, die vor Hunderttausenden von Buddhas Tugendwurzeln gepflanzt haben, lange in

Jambudvīpa bestehen bleibt, damit es nicht so bald untergeht, damit zahllose Wesen dadurch, dass sie dieses vortreffliche Suvarṇabhāsa, den mächtigen König der Sūtras, hören, unvorstellbare, durchdringende Weisheit erlangen, damit sie eine unvorstellbare Fülle von Weisheit erlangen, damit sie in diesem Leben ein hohes Alter erreichen und Wohlstand erlangen, damit sie allen Unterhalt für ihr Leben erlangen und eine grenzenlose Menge von Verdiensten, damit sie Kenntnisse in vielfältigen Methoden und Gelehrtheit in allen Abhandlungen erlangen, damit sie Meisterschaft in der Ausübung verschiedener Künste erlangen, damit sie alles gut im Gedächtnis bewahren. Zum Wohl des Mönches, der den Dharma lehrt, und zum Wohl der Wesen, die den Dharma hören, will ich den Akt des Badens mit Mantras und Arzneien erläutern, so dass aller Schaden durch Planeten und Gestirne, durch Geburt oder Tod, durch Zank und Streit, Kämpfe oder Unruhen, durch böse Träume, aller Schaden durch Vināyakas[86], böse Flüche und Vetālas, vollkommen abgewendet wird. Dies sind die Arzneien und Mantras, mit denen die Gelehrten baden:

[1] Vacā, [2] Gorocanā, [3] Spṛkkā, [4] Śāmyaka, [5] Śamī, [6] Śirīṣa, [7] Indrahastā, [8] Mahābhāgā, [9] Jñāmaka, [10] Tvac, [11] Agaru, [12] Śrīveṣṭaka, [13] Harz von Sarja, [14] Guggulu, [15] Patra, [16] Sallaki, [17] Śaileya, [18] Tagara, [19] Candana, [20] Manaḥśilā, [21] Sarocanā, [22] Kuṣṭha, [23] Kuṅkuma, [24] Musta, [25] Sarṣapa, [26] Cavya, [27] Sūkṣmailā, [28] Nalada, [29] Nāgakesara, [30] Uśīra.[87]

Diese soll man zu gleichen Teilen zu Pulver zermahlen, wenn die Konstellation Puṣya herrscht, und man sollte das Pulver segnen, indem man hundert Mal das folgende Mantra spricht:

‚Tadyatā sukṛte kṛta kamalanilajinakarate haṃkarāte indrajāli śakaddrepaśaddre abartaksike na kutraku kapila kapilamati śīlamati sandhi dhudhumamabati śiri śiri satyasthite svāhā'

Hat man ein Maṇḍala aus Kuhdung gezeichnet
und Blütenblätter gestreut,
so soll man süßen Saft
in goldene und silberne Gefäße füllen.

Vier Männer soll man dort aufstellen,
in Rüstungen gekleidet,
und vier prächtig geschmückte Mädchen,
die Gefäße zu halten.

Ununterbrochen soll man Räucherwerk aus Guggulu
abbrennen,
die fünf Arten von Musikinstrumenten soll man spielen
lassen,
und man soll die Göttin mit Schirmen,
mit Bannern und Flaggen aufwendig schmücken.

In Abständen soll man Spiegel,
bebänderte Pfeile, Speere und Bogen aufstellen.
Danach ist die Grenzlinie zu ziehen

und sodann innerhalb derselben mit der Praxis zu beginnen.

Und während man die Grenzlinie zieht,
soll man das folgende Mantra sprechen:

‚Syādyathedan arake nayane hile mile gile khikhile svāhā‘

Sodann soll man abseits des Erhabenen baden und [dazu] das Bad durch Rezitieren des folgenden Mantra reinigen:

‚Tadyatā sagaṭe bigaṭe bigaṭābati svāhā‘

Allerorts in den vier Himmelsrichtungen
sollen die Gestirne Leben beschützen,
und aller Schaden durch den Einfluss der Gestirne
soll gänzlich abgewendet sein.

Die Ängste, die aufgrund von Taten der Aggregate entstehen,
die unerträglichen Ängste,
die durch ein Ungleichgewicht der Elemente verursacht sind,
all diese Ängste sollen zur Ruhe kommen.

‚Tadyatā śame biśame svāhā, sagaṭe bigaṭe svāhā, sukhatinate svāhā, sāgarasaṃbhūtāya svāhā, skandamātrāya svāhā, nīlakaṇṭhāya svāhā, aparājitabīryāyā svāhā, himabatasaṃbhūtāya svāhā, animilabaktrāya svāhā, namo bhagabate brahmaṇe namaḥ sarasvatyai debyai siddhyantu mantra pādā taṃ brahmānumanyatu svāhā‘

Um den Mönch zu schützen, der den Dharma lehrt, und um derer willen, die den Dharma hören oder ihn niederschreiben, will ich selbst dort erscheinen, wo der Akt des Badens vollzogen wird. Zusammen mit der ganzen Schar von Göttern will ich in jenem Dorf, Kloster, Bezirk oder jener Stadt jegliche Krankheit zum Stillstand bringen. Auf dass dem Leben dieser Mönche, Nonnen, Laienbrüder und Laienschwestern, die den mächtigen König der Sūtras bewahren, Unterstützung zuteil werde, auf dass sie Freiheit vom Daseinskreislauf erlangen und, nachdem sie unumkehrbar [im Streben] nach höchster und vollkommener Erleuchtung geworden sind, rasch manifeste und vollendete Buddhaschaft in unübertroffener und vollkommener Erleuchtung verwirklichen, will ich allen Schaden, der durch Planeten, Zank und Streit, Schaden durch schlechte Sterne und allen Schaden, der durch böse Träume oder Vināyakas, durch böse Flüche und Vetālas bewirkt wird, vollständig abwenden."

Da pries der Erhabene die Göttin Sarasvatī: „Gut so, gut so! Große Göttin Sarasvatī, um des Wohles vieler Menschen willen bist du erschienen, um des Glückes vieler Menschen willen, da du solcherlei Worte bezüglich Mantras und Arzneien gesprochen hast."

Und die Göttin Sarasvatī verneigte sich zu Füßen des Erhabenen und setzte sich sodann zur Seite nieder. Da aber wandte sich der Gelehrte und Lehrer Kauṇḍinya, der Brahmane, an die Göttin Sarasvatī: „Sarasvatī, Große Göttin, verehrungswürdig, von großer Askese, gerühmt in allen Welten, die du höchstes Erlangen gewährst, mit großen Tugenden geziert, in ein Gewand aus Gras gekleidet, in reine Graskleider gehüllt, stehst du mit einem Fuß auf dem Gipfel. Alle

Götter kommen herbei und sprechen: ‚Löse deine Zunge, sprich Worte der Tugend für die Lebewesen.'"

„Syādyathedan mure cire abaje abajabate hiphule migule[88] *piṅgalabati maṅguṣe marīci samati daśamati agrīmagrī tara cihara*[89] *cabati ciciri śiri miri marīci praṇaye lokajyeṣṭhe lokaśreṣṭhe lokapriye siddhiprete bhīmamukhi śuci khare*[90]*apratihate apratehatebuddhi*[91] *namuci namuci mahādebi pratigṛhṇa namaskāraṃ*

Möge mein Verstand ohne Hindernisse sein! Möge mein Erkenntnis-Mantra Abhandlungen, Verse, Schriftsammlungen, Poesie und dergleichen zur Verwirklichung bringen!

Tadyatā mahāprabhāva[92] *hili hili mili mili*

Durch die Macht der Bhagavati, der Göttin Sarasvatī, möge ich vollkommen siegreich sein!

Karaṭe keyūre keyūrabati hili mili hili mili hili hili

Mit der Wahrheit des Buddha, mit der Wahrheit des Dharma, mit der Wahrheit des Sangha, der Wahrheit Indras und der Wahrheit Varuṇas soll man die Große Göttin anrufen. Mit der Wahrheit all jener, die in der Welt die Wahrheit sprechen, und mit ihren Worten der Wahrheit soll man die Große Göttin anrufen:

Tadyatā hili hili hili mili hili mili

Möge ich vollkommen siegreich sein! Vor der Bhagavati, der Großen Göttin Sarasvatī, verneige ich mich. Mögen die Worte des geheimen Mantra sich für mich erfüllen, svāhā."

Da aber pries der Lehrer und Gelehrte Kauṇḍinya, der Brahmane, Sarasvatī, die Große Göttin, mit den folgenden Versen:

„Mögen die Scharen der Bhūtas mich hören!
Ich will die Göttin preisen,
weil ihr Antlitz von erhabenster, größter Schönheit ist,
weil sie unter den Frauen in der Welt der Götter,
der Gandharvas und der Herren der Asuras
die höchste erhabenste, herrlichste Göttin ist,
weil sie, die man Sarasvatī nennt, einen Körper hat,
der üppig geziert ist mit vielen Qualitäten.

Weil ihre Augen weit sind,
weil sie erstrahlt mit Verdienst,
weil sie erfüllt ist von den Qualitäten makelloser Weisheit,
weil ihr Anblick wie vielerlei verschiedene Juwelen ist.

Ich will sie loben für den besonderen Vorzug ihrer trefflichen Rede,
weil sie vorzügliche, höchste Verwirklichung bewirkt,
weil sie wahre Ermutigung und Vorzüge gewährt,
weil sie makellos ist und erhaben,
weil sie strahlend ist wie ein Lotus,
weil ihre Augen erlesen sind, weil sie wunderbare Augen hat,

weil sie ein Ort der Tugend ist, weil sie die Tugend achtet,
weil sie von unvorstellbaren Vorzügen geschmückt ist,

weil sie dem Monde gleicht und makellosem Licht,
weil sie eine Quelle der Weisheit und höchster Bewusstheit[93] ist,
die erhabenste Löwin, ein Fahrzeug für Menschen,
weil sie mit acht Armen geziert ist,

weil ihre Erscheinung dem Vollmonde gleicht,
wegen ihrer bezaubernden Rede, ihrer melodischen Stimme,
weil sie tiefgründige Weisheit besitzt,
weil sie Erfüllung des höchsten Wunsches[94] bewirkt,

weil sie ist ein heiliges Wesen ist,
weil sie verehrt wird von Königen der Götter und Asuras,
weil sie in allen Reichen der Scharen von Göttern und Asuras gepriesen wird,
weil sie in den Reichen der Scharen von Bhūtas immerdar verehrt wird, svāhā.

Aus diesem Grunde, Göttin, verneige ich mich vor dir,
gewähre mir alle außergewöhnlichen Vorzüge,
gewähre mir Erfüllung all dessen, wes ich bedarf,
und beschütze mich allezeit inmitten von Feinden.

Wenn man sich am Morgen erhebt und sich gründlich
wäscht
und dann diese Silben und Worte vollständig und ausführlich spricht,
so wird alles Erwünschte, Wohlstand und Korn sich
einstellen,
und man wird große Verwirklichung und Tugenden
erlangen."

[So endet] das achte Kapitel, „Sarasvatī", im vortrefflichen Suvarṇabhāsa, dem mächtigen König der Sūtras.

9. Kapitel

Die Große Göttin Śrī

Da sprach die Große Göttin Śrī[95] zum Erhabenen: „Auch ich, Erhabener, die Große Göttin Śrī, will den Mönch, der den Dharma lehrt, mit allem versorgen, was er braucht, so dass es ihm an nichts fehlt, so dass er frohen Mutes ist, so dass er Tag und Nacht glücklich und zufrieden verbringt, so dass er die verschiedenen Worte und Buchstaben dieses vortrefflichen Suvarṇabhāsa, des mächtigen Königs der Sūtras, meistert, so dass er sie versteht und korrekt ausspricht, so dass dieses vortreffliche Suvarṇabhāsa, der mächtige König der Sūtras, zum Wohle jener Wesen, die vor Tausenden von Buddhas Tugendwurzeln gepflanzt haben, lange Zeit in Jambudvīpa bestehen bleibt, dass es nicht so bald untergeht. Damit Lebewesen dieses vortreffliche Suvarṇabhāsa, den mächtigen König der Sūtras, hören und in zahlreichen Hunderttausenden von Millionen von Zeitaltern unermessliche Freuden von Menschen und Göttern erfahren, so dass es keine Hungersnöte gibt und gute Jahre ins Land gehen, so dass die Wesen glücklich werden und alle möglichen Freuden genießen, so dass sie sich der Gesellschaft von Tathāgatas erfreuen und in künftiger Zeit höchste und vollkommene Erleuchtung erlangen und alle Leiden der Höllen, der Tiere und der Welt Yāmas vollkommen vernichtet werden, will ich den Mönch, der den Dharma lehrt, mit Kleidung, Speise und Bettzeug, mit Medizin zum Heilen von Krankheiten und anderen Bedarfsgegenständen versorgen."

Einst lebte ein Tathāgata, ein Arhat, ein Samyaksaṃbuddha mit Namen Ratnakusumaguṇasāgaravaiḍūryakanakagirisuvarṇakāñcanaprabhāsaśrī, unter welchem die Große Göttin Śrī Tugendwurzeln gepflanzt hatte. Wenn sie nun an irgendeine Richtung denkt, in irgendeine Richtung blickt, sich irgendeiner Richtung nähert, dann werden in dieser Richtung zahllose Hunderttausende von Wesen Glück erlangen und alle Arten von Freuden genießen, und sie werden keinerlei Mangel leiden. Sie werden Speise, Trank, Güter und Getreide, Kaurimuscheln, Gold und Edelsteine, Perlen, Lapislazuli, Muscheln, Kristall, Korallen, Gold, Silber, Goldstaub und andere Gegenstände erhalten. Durch die Macht der Großen Göttin Śrī ist diesem Tathāgata Ehre zu erweisen. Man soll ihm Räucherwerk, Blumen und Düfte darbringen. Dreimal soll man den Namen der Großen Göttin Śrī aussprechen. Man soll ihr Räucherwerk, Blumen und Düfte und Speisen von verschiedenerlei Geschmack darbringen. Sodann wird die Menge an Getreide sich gewaltig mehren. Zu diesem Zwecke sind die folgenden Worte zu sprechen:

„Der Saft der Erde mehrt sich in der Erde.
Die Gottheiten sind allezeit hocherfreut.
Die Götter der Früchte, der Getreide und Gemüse,
der Büsche und Bäume lassen die Ernten reich und
mannigfaltig gedeihen."

Die Große Göttin Śrī wird an die Wesen denken, die den Namen des vortrefflichen Suvarṇabhāsa, des mächtigen Königs der Sūtras, aussprechen, und sie wird gutes Geschick[96] für sie bewirken. Die Große Göttin Śrī weilt im vortrefflichen Palast, den man Suvarṇadhvaja nennt, bestehend aus den sieben Juwelen, im herrlichen Park Puṇyakusumaprabhā nahe des Palastes Aḍakāvatī. Ein Mensch, der sich wünscht, sein Getreide zu mehren, soll sein Haus gründlich säubern, soll sich gut baden, soll sich in reine, weiße Gewänder kleiden, und seine Kleider soll er mit feinen Düften parfümieren.

Sodann soll er dreimal den Namen des Bhagavan Ratnakusumaguṇasāgaravaiḍūryakanakagirisuvarṇakāñcanaprabhāsaśrī, des Tathāgata Arhat Samyaksaṃbuddha, aussprechen und sich dabei vor ihm verneigen. Mit Hilfe der Großen Göttin Śrī ist diesem Tathāgata Verehrung darzubringen. Blumen, Duft, Räucherwerk und Speisen von verschiedenerlei Geschmack soll man darbringen. Dreimal soll man den Namen des vortrefflichen Suvarṇabhāsa, des mächtigen Königs der Sūtras, aussprechen. Auch das Wort der Wahrheit soll gesprochen werden. Wenn man sodann der Großen Göttin Verehrung darbringt, wenn man ihr Blumen, Weihrauch und Speisen von verschiedenerlei Geschmack darbringt, so wird durch die Macht dieses vortrefflichen Suvarṇabhāsa, des mächtigen Königs der Sūtras, die Große Göttin Śrī im selben Augenblick an dieses Haus denken, und sie wird veranlassen, dass die Menge des Getreides sich mehrt. Jemand, der wünscht, die Große Göttin Śrī anzurufen, soll sich dieses geheime Erkenntnis-Mantra in Erinnerung rufen: „Ich verneige mich vor allen Buddhas der Vergangenheit, Gegenwart und Zukunft. Ich verneige mich vor allen Buddhas und Bodhisattvas. Ich verneige mich vor allen Bodhisattvas beginnend mit Maitreya.“ Nachdem man sich vor denselben verneigt hat, soll das folgende Mantra rezitiert werden. „Möge dieses Erkenntnis-Mantra sich für mich erfüllen:

> *Syādyathedan pratipūrṇapāre samantadarśane mahābihāragate samantabedanagate mahākāryapratiprāpaṇe sattvaarthasamantānuprapure āyānadharmatā mahābhogine mahāmaitriupasaṃhite hitaiṣi saṃgrihīte tesamarthānupālani“*

Dieses sind die Worte des geheimen Mantra der Wirklichkeit, das vom Scheitel ausgehend Ermächtigung gewährt, das mit einem einzigen Wort vollkommene Verwirklichung der Soheit[97] gewährt, das Wort, dessen Bedeutung nicht täuscht. Mögen sich alle Wünsche derer erfüllen, die inmitten von Lebewesen sieben Jahre lang ihre Praxis mit makellosen Tugendwurzeln ausüben und dabei die Mantras aussprechen und bewahren und die acht Regeln ethischer Disziplin[98] einhalten, nachdem sie morgens und abends allen Bhagavan Buddhas mit Blumen, Düften und Räucherwerk gehuldigt haben, um ihre eigene Allwissenheit und die Allwissenheit aller Wesen zu vollenden, mögen sie sich gar rasch erfüllen! Nachdem man den Ort, die Gebetshalle oder das Kloster, gesäubert und ein Maṇḍala aus Kuhdung gefertigt hat, soll man Düfte und Räucherwerk darbringen. Man soll einen reinen Sitz bereiten. Den Boden soll man mit Blüten bestreuen. In diesem Augenblick wird die Große Göttin Śrī dort eintreten und sich niederlassen. Von da an wird in diesem Haus, diesem Dorf, dieser Stadt, dieser Siedlung, dieser Gebetshalle oder diesem Kloster niemals mehr Mangel herrschen. Alles Notwendige wird vorhanden sein, Kaurimuscheln, Gold, Juwelen, Güter und Getreide und alle Freuden des Lebens wird man genießen. Welche Wurzeln von Verdienst auch hervorgebracht werden, man soll der Großen Göttin Śrī den besten Teil davon darbringen. Solange man lebt, wird die Göttin dort verweilen. Es wird an nichts fehlen und alle Wünsche werden in Erfüllung gehen.

[So endet] das neunte Kapitel, „Die Große Göttin Śrī", im vortrefflichen Suvarṇabhāsa, dem mächtigen König der Sūtras.

10. Kapitel

Die Erdgöttin Dṛḍhā

Vor dem Bhagavan, dem Tathāgata Ratnaśikhin, verneige ich mich.

Vor dem Bhagavan, dem Tathāgata Vimalojjvalaratnaraśmiprabhāsaketu, verneige ich mich.

Vor dem Tathāgata Suvarṇajaṃbudhvajakāñcanābha verneige ich mich.

Vor dem Tathāgata Suvarṇabhāsagarbha verneige ich mich.

Vor dem Tathāgata Suvarṇaśataraśmiprabhāsaketu verneige ich mich.

Vor dem Tathāgata Suvarṇaratnākaracchatrakūṭa verneige ich mich.

Vor dem Tathāgata Suvarṇapuṣpojjvalaraśmiketu verneige ich mich.

Vor dem Tathāgata Mahāpradīpa verneige ich mich.

Vor dem Tathāgata Ratnaketu verneige ich mich.

Der Bodhisattva mit Namen Ruciraketu, der Bodhisattva mit Namen Suvarṇabhāsottama, der Bodhisattva mit Namen

Suvarṇagharba, der Bodhisattva mit Namen Sadāprarudita, der Bodhisattva mit Namen Dharmodgata, im Osten der Tathāgata mit Namen Akṣobhya, im Süden der Tathāgata mit Namen Ratnaketu, im Westen der Tathāgata mit Namen Amitāyus, im Norden der Tathāgata mit Namen Dundubhisvara – wer immer diese Tathāgata-Namen und Bodhisattva-Namen aus dem vortrefflichen Suvarṇabhāsa, dem mächtigen König der Sūtras, bewahrt, wer sie liest oder verkündet, der wird sich immerdar seiner Geburten erinnern.

Sodann sprach die Erdgöttin Dṛḍhā[99] zum Erhabenen: „Wenn, Erhabener, dieses vortreffliche Suvarṇabhāsa, der mächtige König der Sūtras, nun und in künftiger Zeit an einen Ort gelangen wird, in ein Dorf, eine Stadt oder Siedlung, in einen Bezirk, eine Einsiedelei, auf eine Berghöhe oder in die Umgebung eines Königspalastes, wo immer es vorhanden sein wird, zu dieser Stätte, sei es ein Dorf, eine Stadt oder Siedlung, ein Bezirk, eine Einsiedelei, eine Berghöhe oder die Umgebung eines Königspalastes, dort, Erhabener, will ich, die Erdgöttin Dṛḍhā, mich begeben. Wo immer dieses vortreffliche Suvarṇabhāsa, der mächtige König der Sūtras, ausführlich dargelegt wird, in welchem Teil der Erde, Erhabener, der Thron für den Mönch, der den Dharma verkündet, auch bereitet wird, wo immer der Verkünder des Dharma, nachdem er auf diesem Thron Platz genommen hat, dieses vortreffliche Suvarṇabhāsa, den mächtigen König der Sūtras, ausführlich darlegen wird, zu diesem Teil der Erde, Erhabener, werde ich, die Erdgöttin Dṛḍhā, mich begeben.

Und wenn ich mich dann mit unsichtbarem Körper dem Fuß des Dharma-Thrones genähert habe, werde ich mit dem höchsten Teil des Körpers, meinem Kopf, die Fußsohlen des

Mönches stützen, der den Dharma verkündet. Und ich will mich laben am Hören des Dharma, am Nektarsaft des Dharma. Ich werde Huldigungen darbringen. Ich werde Verehrung darbringen. Ich werde gesättigt werden. Und wenn ich Huldigungen dargebracht habe, wenn ich mich gar recht erfreut habe, werde ich den Saft einer Erdmasse von sechs Millionen und achthunderttausend Yojanas Tiefe[100] von hier bis hinunter zum Vajra-Fundament der Erde anschwellen lassen. Ich werde Huldigung darbringen. Ich werde sie vollständig [anfüllen]. Und darüber werde ich diesen Erdkreis bis hin zum Rand des Ozeans mit dem Saft der Erde durchfeuchten. Und ich werde diese große Erde fruchtbarer machen, so dass in diesem Jambudvīpa die verschiedenen Gräser, Bäume, Heilpflanzen und Wälder gar prächtig gedeihen. All die Bäume in den Parks und Hainen und all die verschiedenen Bäume, Blätter, Blüten, Früchte und Feldfrüchte werden kräftiger, werden wohlriechender, saftiger, geschmackvoller, schöner und größer werden.

Wenn die Wesen diese verschiedenen Speisen und Getränke gekostet haben, werden ihre Lebensspanne, Kraft, Erscheinung und Sinneskräfte zunehmen. Versehen mit Ausstrahlung, Kraft, guter Erscheinung und schöner Gestalt werden sie die zahlreichen Hunderttausende von Tätigkeiten auf dieser Erde verrichten. Sie werden Tatkraft haben, sie werden sich Mühe geben, sie werden kraftvolle Taten tun. Aus diesem Grunde, Erhabener, wird das ganze Jambudvīpa Frieden haben, es wird gute Ernten haben, Wachstum und Wohlergehen, und es wird bevölkert sein mit vielen menschlichen Wesen. Und alle Wesen in Jambudvīpa werden zufrieden sein, sie werden die verschiedensten Freuden genießen, und sie werden erfüllt sein von Pracht, Kraft, guter Erscheinung und schöner Gestalt.

Um dieses vortrefflichen Suvarṇabhāsa, des mächtigen Königs der Sūtras, willen werden sie zu diesen Mönchen, Nonnen, Laienbrüdern und Laienschwestern hingehen, die den mächtigen König der Sūtras bewahren, die auf dem Dharma-Thron sitzen. Nachdem sie dort hingegangen sind, werden jene Wesen reinen Geistes die Verkünder des Dharma bitten, zum Wohl, zum Nutzen und Glück aller Wesen dieses vortreffliche Suvarṇabhāsa, den mächtigen König der Sūtras ausführlich darzulegen. Warum?

Wenn, Erhabener, dieses vortreffliche Suvarṇabhāsa, der mächtige König der Sūtras, ausführlich dargelegt wird, werde ich, die Erdgöttin Dṛḍhā, zusammen mit meiner Dienerschaft Pracht und Stärke erlangen. In unseren Körpern wird große Kraft, Tatkraft und Energie entstehen. Majestät, Ruhm und Herrlichkeit werden in unsere Körper einziehen. Wenn ich, Erhabener, die Erdgöttin Dṛḍhā, mit der Nektaressenz des Dharma gesättigt bin, wenn ich große Majestät, Kraft, Tatkraft, Energie und Macht erlangt habe, so wird der Saft der Erde in diesem Jambudvīpa mit seiner Erde von siebentausend Yojanas Tiefe anschwellen. Und die große Erde wird prachtvoller und stärker werden. Und all den Wesen, Erhabener, die auf der Erde leben, wird Wachstum, Mehrung und Entfaltung zuteil. Und sie werden Größe erlangen. Und wenn sie Größe erlangt haben, werden die Wesen, die auf der Erde leben, sich an vielerlei Genüssen der Erde erfreuen, und sie werden in Glück und Freuden leben. Und sie alle werden eine Fülle verschiedenster Speisen und Getränke, verschiedene Nahrung, Kleidung, Schlafstätten, Wohnstätten, Häuser,

Paläste, Parks, Flüsse, Teiche, Quellen, Seen, Weiher und Wasserbecken zur Verfügung haben. Solcherlei mannigfaltige Freuden werden ihnen zuteil werden, und sie werden die Güter der Erde, die auf der Erde beruhen, die aus der Erde hervorgehen, die von der Erde abhängen, genießen.

Aus diesem Grunde, Erhabener, sollen alle Wesen mir Dankbarkeit bezeugen, und sie sollen dieses vortreffliche Suvarṇabhāsa, den mächtigen König der Sūtras, gewiss mit Respekt anhören, und sie sollen es ehren, hoch achten, sie sollen ihm huldigen und Verehrung darbringen. Wenn, Erhabener, all diese Wesen aus verschiedenen Familien, aus verschiedenen Häusern zu diesen Verkündern des Dharma hingehen, so sollen sie, nachdem sie zu ihnen hingegangen sind, dieses vortreffliche Suvarṇabhāsa, den mächtigen König der Sūtras, hören. Und wenn sie es gehört haben, wenn sie einer nach dem anderen in ihre verschiedenen Familien, Häuser, Dörfer oder Siedlungen zurückgekehrt sind, wenn sie in ihre eigenen Wohnungen zurückgekehrt sind, so werden sie in ihren Wohnungen folgendermaßen zueinander sprechen: „Heute haben wir den tiefgründigen Dharma gehört. Heute haben wir eine unvorstellbare Menge von Verdiensten erlangt. Durch dieses Hören des Dharma haben wir zahllose Hunderttausende von Tathāgatas erfreut. Durch dieses Hören des Dharma sind wir heute den Höllen entkommen, sind dem Tierreich entkommen, der Welt Yāmas und dem Reich der Geister. Heute haben wir durch das Hören des Dharma zahllose Hunderttausende von zukünftigen Geburten als Menschen und Götter erlangt."

Und wenn die Wesen, die in den verschiedenen Häusern leben, anderen Wesen dann auch nur ein einziges Beispiel aus diesem vortrefflichen Suvarṇabhāsa, dem mächtigen König der Sūtras, nennen, wenn sie andere Wesen auch nur ein Kapitel oder eine einzige Begebenheit oder sogar nur den Namen eines einzigen Bodhisattva oder Tathāgata aus diesem vortrefflichen Suvarṇabhāsa, dem mächtigen König der Sūtras, hören lassen, selbst nur einen Vers von vier Worten, selbst nur ein einziges Wort, und wenn sie anderen Wesen auch nur den Namen dieses vortrefflichen Suvarṇabhāsa, des mächtigen Königs der Sūtras, zeigen, wo immer, Erhabener, die verschiedenen Wesen in den verschiedenen Teilen der Erde einander solcherlei unterschiedliche Worte der Lehre aus dem Sūtra mitteilen, wo sie veranlassen, dass sie gehört werden, oder wo sie über sie sprechen, all diese Gebiete der Erde, Erhabener, werden prächtiger, stärker und fruchtbarer werden. Zum Wohle all dieser Wesen werden in diesen Teilen der Erde die verschiedenen Säfte der Erde und alle Güter reichlicher, sie werden wachsen, gedeihen und sich mehren. All diese Wesen werden glücklich und zufrieden sein. Sie werden großen Wohlstand erlangen und große Genüsse, sie werden sich in Freigebigkeit üben und werden Vertrauen in die Drei Juwelen haben."

Als dies gesagt war, sprach der Erhabene zur Erdgöttin Dṛḍhā: „Erdgöttin, wenn irgendein Wesen auch nur ein einziges Wort aus diesem vortrefflichen Suvarṇabhāsa, dem mächtigen König der Sūtras, hört, so wird es nach seinem Tod, wenn es diese Welt der Menschen verlässt, als Gott in der Gruppe der Götter im Reich der Dreiunddreißig geboren werden. Erdgöttin, wenn irgendwelche Wesen, um diesem vortrefflichen Suvarṇabhāsa, dem mächtigen König der Sūtras, Verehrung zu erweisen, einen Ort schön schmücken, wenn sie ihn mit einem einzigen Schirm, mit nur einem einzigen Banner oder einem einzelnen Stoffstreifen verzieren – diese geschmückten Orte, Erdgöttin, werden sich in himmlische Paläste verwandeln, in denen sieben Arten von Göttern die Freuden der Sinnenwelt[101] genießen, sie werden aus sieben Juwelen gefertigt und immerdar mit jeglicher Zierde geschmückt sein. Im Moment ihres Todes, wenn solche Wesen die Welt der Menschen verlassen, so werden sie in diesen himmlischen Palästen aus den sieben Juwelen geboren werden. Siebenmal, Erdgöttin, werden sie in jedem Palast aus den sieben Juwelen geboren werden, und sie werden das unvorstellbare Glück der Götter erleben."

Als dies gesagt war, sprach die Erdgöttin Dṛḍhā zum Bhagavan: „Daher, Erhabener, werde ich, die Erdgöttin Dṛḍhā, sobald der Mönch, der den Dharma verkündet, auf dem Dharma-Thron Platz genommen hat, in jenem Gebiet der Erde mit unsichtbarem Körper am Fuße des Dharma-Thrones zugegen sein, und ich werde mit dem höchsten Körperteil, dem Kopf, die Fußsohlen des Mönches stützen, der den Dharma verkündet, so dass dieses vortreffliche Suvarṇabhāsa, der mächtige König der Sūtras, zum Wohle der Wesen, die unter Hunderttausenden von Buddhas Tugendwurzeln gepflanzt haben, gewiss lange in Jambudvīpa bestehen bleibt und nicht so rasch untergeht. Und mögen die Wesen dieses vortreffliche Suvarṇabhāsa, den mächtigen König der Sūtras, hören. Mögen sie in künftiger Zeit für zahlreiche Hunderttausende von Millionen von Zeitaltern unvorstellbares göttliches und menschliches Glück erfahren. Mögen sie die Freundschaft der Tathāgatas genießen. Mögen sie in künftiger Zeit vollständige und vollkommene Buddhaschaft in manifester und vollkommener Erleuchtung erlangen, und mögen sie alle Leiden der Höllen, des Tierreichs und der Welt Yāmas vollständig überwinden.“

[So endet] das zehnte Kapitel, „Die Erdgöttin Dṛḍhā“, in dem vortrefflichen Suvarṇabhāsa, dem mächtigen König der Sūtras.

11. Kapitel

Saṃjñāya

Da erhob sich der große General der Yakṣas mit Namen Saṃjñāya[102] zusammen mit achtundzwanzig großen Yakṣa-Generälen von seinem Platz, bedeckte eine Schulter mit seinem Gewand, berührte mit seinem rechten Knie die Erde, verneigte sich mit aneinander gelegten Handflächen in Richtung des Erhabenen und sprach zum Erhabenen: „Zu welchen Dörfern, Städten, Siedlungen, Bezirken, Klöstern, Bergwiesen oder Königspalästen, Erhabener, dieses vortreffliche Suvarṇabhāsa, der mächtige König der Sūtras, nun und in künftiger Zeit auch gelangen mag, zu diesen Dörfern, Städten, Siedlungen, Bezirken, Klöstern, Bergwiesen oder Königspalästen, Erhabener, werde ich, der große General der Yakṣas mit Namen Saṃjñāya, zusammen mit achtundzwanzig großen Yakṣa-Generälen mich begeben. Mit unsichtbaren Körpern werden wir dem Mönch, der den Dharma verkündet, Schutz gewähren, werden Zuflucht gewähren, Obhut, Unterstützung, Schonung vor Strafe, Frieden und Wohlergehen. Allen Frauen, Männern, Knaben und Mädchen, die den Dharma hören, wenn es auch nur ein Vers von vier Worten ist, auch nur ein Wort aus diesem vortrefflichen Suvarṇabhāsa, dem mächtigen König der Sūtras, wenn sie auch nur den Namen eines einzigen Bodhisattva, den Namen eines einzigen Tathāgata, oder gar nur den Namen dieses vortrefflichen Suvarṇabhāsa, des mächtigen Königs der Sūtras, hören, und wenn sie ihn annehmen; ihnen allen will ich Schutz gewähren, will Zuflucht gewähren, Obhut, Unterstützung, Schonung vor Strafe, Frieden und Wohlergehen. Und ihren Familien, ihren Häusern, ihren Dörfern, ihren Städten, ihren Siedlungen, ihren Klöstern oder Palästen will ich Schutz gewähren, Zuflucht, Obhut, Unterstützung, Schonung vor Strafe, Frieden und Wohlergehen.

Aus welchem Grunde, Erhabener, wurde mir der Name Saṃjñāya, der große Yakṣa-General, zuteil? Der Erhabene selbst weiß dies in unmittelbarer Erkenntnis: Erhabener, ich erkenne alle Phänomene, alle Phänomene verstehe ich vollkommen, alle Phänomene erfasse ich. Welche Phänomene existieren[103] und wie diese Phänomene existieren[104], die Bestehensweisen und die Kategorien von Phänomenen, alle Phänomene, Erhabener, erkenne ich unmittelbar. Unvorstellbar ist die Erscheinung meiner erhabenen Weisheit, unvorstellbar ist die Klarheit meiner erhabenen Weisheit, unvorstellbar ist der Umfang meiner erhabenen Weisheit, unvorstellbar ist die Anhäufung meiner erhabenen Weisheit, unvorstellbar, Erhabener, ist die Sphäre der Objekte meiner erhabenen Weisheit, die sich auf alle Phänomene erstreckt. Und weil ich, Erhabener, alle Phänomene vollkommen erkenne, vollkommen untersuche, vollkommen verstehe, vollkommen sehe, vollkommen erfasse, aus diesem Grunde, Erhabener, wurde mir, Saṃjñāya, dem großen General der Yakṣas, der Name Saṃjñāya zuteil.

Um die Worte des Mönches, der den Dharma verkündet, zu schmücken, Erhabener, will ich ihm Selbstvertrauen verleihen.

Ich will seine Haarporen mit Kraft füllen. Ich will in seinem Körper große Energie, Stärke und Tatkraft erzeugen. Ich werde die Erscheinung seiner Weisheit unvorstellbar machen. Ich will seine Bewusstheit[105] stärken, ich will ihm großen Eifer verleihen, so dass der Verkünder des Dharma nicht körperlich ermüdet, so dass sein Körper frohe Sinne hat, so dass er voller Freude ist, so dass dieses vortreffliche Suvarṇabhāsa, der mächtige König der Sūtras, zum Wohle jener Wesen, die unter Hunderttausenden von Buddhas Tugendwurzeln gepflanzt haben, lange in Jambudvīpa bestehen bleibt, dass es nicht so bald verschwindet, so dass die Wesen dieses vortreffliche Suvarṇabhāsa, den mächtigen König der Sūtras, hören, so dass sie eine unermessliche Fülle an Weisheit[106] erlangen, so dass sie erhabene Weisheit[107] erlangen, so dass sie eine unermessliche Menge an Verdiensten ansammeln, so dass sie in künftiger Zeit während Hunderttausender von Millionen von Zeitaltern unermessliche göttliche und menschliche Freuden genießen, so dass sie die Freundschaft der Tathāgatas finden, so dass sie in künftiger Zeit in vollständiger und vollkommener Erleuchtung vollendete und vollkommene Buddhaschaft erlangen, so dass alle Leiden der Höllen, des Tierreiches und der Welt Yāmas vollkommen überwunden werden.“

[So endet] das elfte Kapitel, „Saṃjñāya“, im vortrefflichen Suvarṇabhāsa, dem mächtigen König der Sūtras.

12. Kapitel

Eine königliche Abhandlung über die Pflichten göttlicher Herrscher

Vor dem Bhagavan Tathāgata Arhat Samyaksaṃbuddha Ratnakusumaguṇasāgaravaiḍūryakanakagirisuvarṇa-kāñcanaprabhāsaśrī verneige ich mich. Vor dir, dem Bhagavan Tathāgata Arhat Samyaksaṃbuddha Śākyamuni, dessen Leib mit zahllosen Hunderttausendenen von Millionen vorzüglicher Qualitäten geschmückt ist, der diese Lampe des Dharma entzündet hat, verneige ich mich. Vor dir, der Großen Göttin Śrī, die du der Same für vorzügliche Qualitäten und die Herrlichkeit grenzenloser Glücksverheißung bist, verneige ich mich. Vor dir, der Großen Göttin Sarasvatī, die du die unendlichen Qualitäten der Weisheit in dir vereinst, verneige ich mich.

Zu dieser Zeit, in diesem Augenblick sprach König Balendraketu zu seinem Sohn Ruciraketu, dem er vor nicht allzu langer Zeit die Königsweihe erteilt hatte, um ihn in seine neue Königsherrschaft einzuführen: „Es gibt, mein Sohn, eine Abhandlung für Könige mit dem Titel ‚Die Pflichten göttlicher Herrscher‘[108] die ich vormals, als ich soeben die Königsweihe empfangen hatte und in meine neue Königsherrschaft eingeführt worden war, von meinem Vater Varendraketu übernommen habe. Zwanzigtausend Jahre lang habe ich meine Herrschaft gemäß dieser königlichen Abhandlung ‚Die Pflichten göttlicher Herrscher' ausgeübt, und ich wüsste nicht, dass ich je im Widerspruch zum Dharma auf irgendjemandes Seite gestanden hätte, nicht einmal für die Dauer eines Gedankenaugenblickes. Was aber, mein Sohn, ist nun diese Anweisung für Könige mit dem Namen ‚Die Pflichten göttlicher Herrscher'?" Sodann, zu dieser Zeit, in diesem Augenblick, edle Göttin, legte König Balendraketu seinem Sohn König Ruciraketu mit den folgenden Versen die Abhandlung mit dem Namen „Die Pflichten göttlicher Herrscher" vollständig, ausführlich und eingehend dar.

„Ich will die Abhandlung für Könige darlegen,
die das Wohlergehen aller Wesen bewirkt,
die alle Zweifel beseitigt,
die alle Fehler vernichtet.

Möge jeder König hier frohen Mutes sein
und mit aneinander gelegten Händen
der vollständigen Abhandlung über
‚Die Pflichten göttlicher Herrscher' lauschen!

Auf diesem Herrn der Berge Vajrākara
erhoben sich bei einer Versammlung der göttlichen
 Herrscher
einst die Beschützer der Welt, um eine Frage
an den mächtigen Brahma zu richten:

‚Du, Brahma, bist das Oberhaupt der Götter,
der mächtige Herr über die Götter.
Wir bitten dich, beantworte unsere Frage
und zerstreue unsere Zweifel.

Warum wird ein König, wenngleich
als Mensch geboren, ein »Gott« genannt?
Und warum wird ein König
ein »Sohn der Götter« genannt?

Wie kommt es, dass er als Gott
in dieser Menschenwelt geboren wird,
dass er ein Herr der Menschen wird
und für Menschen seine Königsherrschaft ausübt?'

So also wurde der mächtige Brahma
von den Weltbeschützern befragt,
und Brahma, das Oberhaupt der Götter,
sprach zu den Weltbeschützern:

‚Da ich also von euch,
den Weltbeschützern, befragt werde,
so will ich nun zum Wohle aller Lebewesen
diese vortreffliche Abhandlung darlegen.

Ich will den Grund erläutern, aus welchem sie
an den Orten der Menschen geboren werden,
warum sie königliche Geburt erlangen,
warum sie in diesen Ländern Könige werden:

Mit dem Segen der göttlichen Herrscher
tritt er in den Leib seiner Mutter ein:
Nachdem er zuvor von den Göttern gesegnet wurde,
tritt er alsdann in den Mutterleib ein.

Gleichwohl in der Welt der Menschen geboren
und Herr der Menschen geworden,
wird er, weil er von Göttern stammt,
ein »Sohn der Götter« genannt.

Die Dreiunddreißig Herren der Götter haben
für ihn das hohe Los der Königsherrschaft auserkoren
 und gesagt:
»Du bist der Sohn aller Götter,
wundersam erschaffen, als König der Menschen,
um der Gesetzlosigkeit[109] Einhalt zu gebieten,
um schlechtes Tun zu beenden,
um Lebewesen zu guten Taten zu bewegen
und sie in die Welt der Götter zu senden.«

Ob der König der Menschen ein Mensch genannt wird,
ein Gott, ein Ghandharva,
ein Unberührbarer oder ein Rākṣasa,
alle schlechten Taten wird er zum Versiegen bringen.

Für alle, die gute Taten tun,
ist der König der Menschen Vater und Mutter,
um die gereiften Wirkungen [von Taten] zu zeigen,
wurde er von den Königen der Götter gesegnet.
Um in diesem Leben die gereiften Wirkungen

von guten und von schlechten Taten aufzuzeigen,
dafür wurde der König von den Göttern gesegnet,

Denn wenn der König Missetaten in seinem Lande
 duldet
und über die Übeltäter keine gerechte Strafe verhängt,
wenn er böse Taten zulässt,
so wird durch seine Nachlässigkeit
die Gesetzlosigkeit gewaltig zunehmen.

Betrug und Streit in großem Ausmaß
werden im Reiche aufkommen
und im Reich der Dreiunddreißig
werden die Herren der Götter erzürnt.

Wenn ein König über eine böse Tat
in seinem Reich hinwegsieht,
so werden Betrügereien kein Ende nehmen,
und das Land wird von Gewaltakten zugrunde gerichtet.

Fremde Armeen werden in das Reich einfallen
und das Land, seine Güter und seine Familien zerstören.
Diejenigen, die Habe angesammelt haben,
werden einander mit viel Betrug darum bringen.

Wenn der König die Pflicht nicht erfüllt,
um deretwillen er die Königsherrschaft innehat,
so richtet er sein eigenes Reich zugrunde,
wie ein mächtiger Elefant einen Teich.
Vernichtend werden Stürme toben,

verheerend werden Regen sich ergießen,
unheilvoll [stehen] Planeten und Gestirn,
und Mond und Sonne [ziehen] unheilvoll [dahin].

Wenn der König nachlässig ist,
werden die Saaten, die Ernten, die Blumen
und die Früchte nicht recht gedeihen,
und es wird Hungersnöte geben.

Wenn der König eine böse Tat
in seinem Reiche zulässt,
werden in ihren Gefilden
die Götter ungehalten.[110]

Und all die mächtigen Götterkönige
werden zueinander sagen:
»Ohne Dharma ist dieser König,
denn er unterstützt die Seite dessen, was Nicht-
Dharma[111] ist.«

Dieser König wird über kurz
oder lang die Götter verärgern,
und wenn die Götter verärgert sind,
so wird sein Land zugrunde gehen.

Gesetzlosigkeit wird im Lande herrschen,
und es wird mit Waffengewalt zerstört,
überall werden Betrügereien,
Streit und Krankheiten auftreten.

Die Herren der Götter werden verärgert sein,
und die Götter werden [das Land] im Stich lassen,
das Reich wird zugrunde gerichtet,
und der König wird dem Kummer verfallen.

Von seinen Lieben wird er getrennt,
seinen Verwandten oder gar seinem Sohn,
von seiner geliebten Gemahlin,
oder seine Tochter wird sterben.

Schauer von Meteoren
und falsche Sonnen werden auftreten,
fremde Armeen werden einfallen,
und es wird schwere Hungersnöte geben.

Sein hochgeschätzter Minister
und sein geliebter Elefant werden sterben,
und nach [deren Tod] werden alsbald auch
seine geliebten Kamelstuten sterben.

Gegenseitig wird man sich Häuser,
Güter und Reichtümer rauben,
und ein Gebiet wird gegen das andere
Waffengewalt gebrauchen.

In allen Gebieten wird es Konflikte geben,
Streit und Betrügerei,
böse Dämonen werden in das Reich eindringen,
und unerträgliche Krankheiten werden auftreten.

Danach werden die Ehrbaren gesetzlos.
Seine Gefolgschaft und seine Minister werden gesetzlos.
Fortan wird man den Gesetzlosen huldigen,
und die Gesetzestreuen wird man bestrafen.

Wenn man den Gesetzlosen[112] dient
und die Gesetzestreuen bestraft,
so werden drei Dinge in Aufruhr geraten:
die Gestirne, Wasser und Wind.

Drei Dinge gehen unter,
wenn gesetzlose Menschen geachtet werden:
der wesentliche Geschmack und die Kraft des heiligen
Dharma,
die Kraft der Lebewesen und der Saft der Erde.

Wenn man schlechten Menschen dient
und vortreffliche Menschen verachtet,
werden drei Dinge eintreten:
Hungersnot, Blitzschlag und Tod.

Die Früchte und Ernten
werden geschmack- und kraftlos sein,
und viele kranke Wesen
werden in diesen Gebieten leben.

Große, süße Früchte,
die in diesen Gebieten wachsen,
werden scharf, bitter
und klein werden.

Spaß, Spiel und Vergnügen,
Dinge, die bisher Freude gemacht haben,
verlieren die Vergnüglichkeit und werden unerfreulich,
von Hunderten von Leidenschaften sehr gestört.

Weil das Öl und der Saft
der Blumen und Früchte schwinden,
werden Körper, Elemente und Sinne
keine Sättigung mehr finden.

Die Wesen werden von elendem Aussehen sein,
von geringer Kraft und mager,
selbst wenn sie reichlich Nahrung zu sich nehmen,
werden sie doch keine Sättigung erlangen.

Sie werden danach keine Stärke,
Kraft oder Tatkraft gewinnen,
die Wesen in diesen Gebieten
werden keine Tatkraft haben.

Viele kranke Wesen wird es geben,
von verschiedensten Krankheiten befallen,
und verschiedene Rākṣasas[113]
[bringen Unheil durch] Planeten und Gestirne.

Ein König ist gesetzlos,
wenn er auf der Seite der Gesetzlosigkeit steht[114]:
Die drei Bereiche, das Maṇḍala der drei Welten,
wird dadurch zugrunde gerichtet.

Zahlreiche solcher Übel treten
in diesen Gebieten auf,
wenn der König auf der Seite [der Gesetzlosen] steht
und schlechte Taten zulässt.

Wenn der König schlechte Taten zulässt,
so übt er seine Königsherrschaft
nicht gemäß der Pflicht aus,
für die er von den Königen der Götter geweiht wurde.

Durch gute Taten gehen Wesen
als Götter in himmlische Gefilde ein,
durch schlechte Taten werden sie als Geister,
Tiere oder Höllenwesen geboren.

Wenn ein König eine Missetat
in seinem Lande duldet,
so wird er aufgrund dieser schlechten Tat
vom Reich der Dreiunddreißig Götter herabfallen.

Wenn er seine Königsherrschaft nicht ausübt,
so ist er kein Sohn [der Götter].
Seine Väter, die Könige der Götter,
werden Unglück über das Land bringen,
und das Reich wird
durch unerträgliche Unruhen zugrunde gehen.

Dafür segnen die Herren der Götter
den König der Menschenwelt:
Um schlechten Taten ein Ende zu bereiten,

um gute Taten zu fördern
und um für Wesen eine Reifung in diesem Leben zu bewirken:
Dafür ist er König.

Er wird König genannt,
damit er den Unterschied
zwischen guten und schlechten Taten zeigt,
sowie deren völlig gereifte Früchte erklärt.

Zum eigenen Wohl und zum Wohle anderer
und zum Wohle des Dharma im Lande
wurde er von den Scharen der Götter gesegnet
und hat das Wohlgefallen der Götter.

Um Übeltätern und Schurken
in seinem Reiche Einhalt zu gebieten
und für das Wohl des Dharma im Lande
soll er gar Leben und Königsherrschaft hingeben.

Er darf keine Gesetzlosigkeit dulden
und wissentlich übersehen,
sein Reich wird sonst grausam zugrunde gehen;
nichts anderes kann so verheerend wirken.

Wenn beim Auftreten von Unruhen
dem Aufrührer nicht Einhalt geboten wird,
so werden deswegen unerträgliche
Unruhen im Lande entstehen.

Wie ein großer Teich von Elefanten,
so wird sein Reich vollständig ruiniert,
die Herren der Götter werden erzürnt,
und die Gefilde der Götter werden zerstört.

Alle Dinge in diesem Reich
werden unzuträglich,
daher muss man Übeltäter
gemäß ihrer Vergehen bestrafen.

Er soll sein Reich mit dem Dharma beschützen
und dem Dharma nicht zuwider handeln,
selbst auf Kosten seines Lebens
darf er nicht voreingenommen sein.

Ob Familienangehörige oder andere,
auf der Seite aller Menschen
seines Reiches soll er stehen
und Partei für sie ergreifen.

Der Ruhm des Königs, der dem Dharma treu ist,
erfüllt die ganze dreifache Welt,
und in den Gefilden der Dreiunddreißig
sind die Herren der Götter erfreut:

»Der gesetzestreue König in
Jambudvīpa, er ist unser Sohn!
Weil er sein Reich im Einklang mit dem Dharma regiert,
veranlasst er Menschen zu guten Taten.

Durch gute Taten sendet
der König Wesen hierher,
und er bevölkert die Gefilde der Götter
mit Göttern und Götterkindern.«

Weil er sein Reich im Einklang mit dem Dharma regiert,
sind die Könige voll Freude,
die Herren der Götter sind zufrieden,
und sie beschützen den König der Menschen.

Die Gestirne und ebenso Sonne und Mond
ziehen geordnet dahin,
die Winde wehen zur rechten Zeit,
und zur rechten Zeit fallen die Regen.

In den Göttergefilden und Reichen
werden gute Jahre Einzug halten,
und die Reiche der Götter werden bevölkert
mit Göttern und Götterkindern.

Daher mag der König wohl
sein geliebtes Leben aufgeben,
doch niemals das Juwel des Dharma,
durch das die Welt froh wird.

Er soll auf jene vertrauen, die dem Dharma treu
und reich geschmückt mit Qualitäten sind,
die mit ihren Leuten stets zufrieden sind
und sich alles Schlechten immerdar enthalten.

Sein Reich soll er mit dem Dharma schützen,
und er soll den Dharma lehren;
er soll Wesen zu guten Taten ermahnen
und sie von schlechten Taten abkehren.

Wenn er Übeltätern
in rechter Weise Einhalt gebietet,
so werden dem Reich gute Jahre
und dem König Glanz beschieden sein.

Der König wird großen Ruhm genießen,
und seine Untertanen wird er mit Freuden beschützen.'"

[So endet] das zwölfte Kapitel, „Eine königliche Abhandlung über die Pflichten göttlicher Herrscher", im vortrefflichen Suvarṇabhāsa, dem mächtigen König der Sūtras.

13. Kapitel

Susaṃbhava

Als ich Cakravartin-König[115] wurde,
da brachte ich den früheren Buddhas
Welten mit Meeren und vier Kontinenten dar,
die mit kostbaren Juwelen angefüllt waren.

Und es gibt kein geliebtes, wohlgefälliges Ding,
das ich in der Vergangenheit nicht hingegeben hätte;
um den Wahrheitskörper eines Buddha zu erlangen
habe ich zahllose Weltzeitalter lang gar mein geliebtes Leben hingegeben.

In vergangener Zeit, vor unermesslichen Zeitaltern,
als ein Sugata mit Namen Ratnaśikhin
seinen Eingang ins Parinirvāṇa gezeigt hatte,
da erschien ein König mit Namen Susaṃbhava,
ein Cakravartin-König, ein Herrscher über vier Kontinente,
der die Erde bis zu den Grenzen des großen Ozeans regierte.

Als dieser gute König einmal
im Jinendraghoṣā-Palast schlief,
da hörte er im Traum von den erlesenen Tugenden des Buddha,
und im Schlaf sah er Ratnoccaya, den Verkünder des Dharma,
strahlend diesen König der Sūtras erklären.

Als der König von seinem Schlafe erwachte,
da war sein ganzer Körper von Wonne erfüllt.
Entzückt verließ er die königliche Residenz
und begab sich an den Ort, wo der vortreffliche Sangha der Hörer [sich aufhielt].

Der König brachte den Hörern des Buddha seine Verehrung dar.
„Wer in dieser Versammlung von Edlen ist der Mönch Ratnoccaya,
der mit vortrefflichen Qualitäten gesegnet ist?"
So fragte er überall nach Ratnoccaya, dem Verkünder des Dharma.

Ratnoccaya aber war zu dieser Zeit andernorts.
Er saß in einer Höhle und dachte
über diesen König der Sūtras nach,
er rezitierte ihn und war [dabei] voller Freude.

Da zeigten sie dem König
den Mönch Ratnoccaya, den Verkünder des Dharma,
der andernorts in einer Höhle saß,
erstrahlend in Herrlichkeit, Glanz und Ruhm.

Dort bewahrte jener Ratnoccaya
die tiefgründige Sphäre des Wirkens[116] des Königs;
fortwährend lehrte er den mächtigen König der Sūtras,
den man das vortreffliche Suvarṇabhāsa nennt.

Indem er sich zu Füßen von Ratnoccaya verneigte,
sprach König Susaṃbhava also:
„Ich bitte dich, dessen Antlitz dem Vollmonde gleicht,
mich das vortreffliche Suvarṇabhāsa, den mächtigen
König der Sūtras zu lehren.“

Und Ratnoccaya erhörte die Bitte
von König Susaṃbhava,
und alle Götter im ganzen
Dreifach-Tausend-Weltsystem frohlockten.

Da benetzte der Herr der Menschen ein Fleckchen Erde,
das besonders rein und edel war,
mit Tropfen von kostbaren Wassern[117] und Duftessenzen,
und bestreute ihn mit losen Blütenblättern.
Dann bereitete er einen Thron
und schmückte denselben alsdann mit Schirmen und
Bannern
und zahlreichen Tausend Seidentüchern.

Der König bestreute den Thron
mit verschiedensten erlesenen Sandelholzpudern,
und die Götter, die Nāgas, die Asuras und Kiṃnaras,
die Yakṣa-Könige, die Garuḍas und die Mahoragas
bedeckten den Thron über und über
mit einem Regen von himmlischen Māndārava-Blumen.

Als Ratnoccaya hervortrat,
bestreuten ihn unvorstellbare Tausende von Millionen
von Göttern,
die, sehnsüchtig nach der Lehre, herbeikamen,
mit Blüten vom Śāl-Baum.

Und Ratnoccaya, der Verkünder des Dharma,
der seinen Leib gründlich gebadet und reine Kleidung
angelegt hatte,
trat an den Thron heran,
legte seine Handflächen aneinander und verneigte sich.

Die Herren der Götter, die Götter und Göttinnen,
die im Raum verweilten, ließen einen Regen von
Māndārava-Blumen herabfallen,
und sie ließen Hunderttausende
von unvorstellbaren Musikinstrumenten erklingen.

Und während er seine Gedanken auf die
unermesslichen Tausende von Millionen von Buddhas
in den zehn Richtungen richtete,
bestieg der Mönch Ratnoccaya, der Verkünder des
Dharma,
den Thron und ließ sich darauf nieder.

Bewegt von liebevoller Zuneigung zu allen Wesen,
mit einem Geist voller Mitgefühl
legte er sodann dem König
Susaṃbhava dieses Sūtra dar.

Der König, der mit seinen Händen
in der Geste der Verehrung dagestanden hatte,
brachte mit einem Wort seine tiefe Mitfreude zum
Ausdruck.
Durch die Kraft des Dharma
flossen Tränen aus seinen Augen,
und sein Leib ward von Wonne erfüllt.

Um dem Sūtra zu huldigen, ergriff König Susaṃbhava
sodann den Cintāmaṇi, den König der Juwelen,
und sprach zum Wohle der Lebewesen
das folgende Wunschgebet:

„Möge es Schmuckstücke regnen mit sieben Edelsteinen,
und möge ein Regen von großem Reichtum
mit allem, was den Lebewesen hier in Jambudvīpa
Freude macht,
heute hier auf Jambudvīpa niederfallen!“

Und im selben Augenblick regnete es die sieben Juwelen,
Armbänder und Halsketten, wunderbare Ohrringe,
ebenso Speisen, Getränke und Kleidung
auf die vier Kontinente herab.

Und als König Susaṃbhava
diesen Regen von Juwelen in Jambudvīpa fallen sah,
da brachte er die vier Kontinente, angefüllt mit Edelsteinen,
der Lehre von Ratnaśikhin dar[118].

Und ich, der Tathāgata Śākyamuni,
war der König mit Namen Susaṃbhava.
In jenem Augenblick gab ich diese Erde
mit ihren vier Kontinenten voller Juwelen hin.

Und der Tathāgata Akṣobhya
war der Mönch Ratnoccaya, der Verkünder des Dharma,
der mich, den König Susaṃbhava
damals in diesem Sūtra unterwies.

Weil ich damals dieses Sūtra gehört
und mit einem Wort meine Freude zum Ausdruck gebracht habe,
durch diese meine gute Tat,
den Dharma zu hören und mich daran zu erfreuen,
habe ich für immer diesen Körper erlangt,
von goldener Farbe, mit den Zeichen Hunderter Verdienste,
von schöner Erscheinung, erfreulich anzuschauen,
eine Wonne für Tausende von Millionen von Göttern,
eine Freude für die Lebewesen, die mich erblicken.

Während neunundneunzig mal hunderttausend Millionen
Weltzeitaltern war ich Cakravartin-König.
Während zahlreicher Hunderttausender von Weltzeitaltern
herrschte ich als König in [kleineren] Gebieten.

Unvorstellbare Zeitalter lang war ich Śakra[119]
und König des Brahma-Reiches;

und unermesslich sind die zehn Kräfte, die ich erlangt
habe,
deren Ausmaß nimmermehr gefunden werden kann.

Weil ich dieses Sūtra gehört und mich an ihm erfreut
habe,
ist die Menge meiner Verdienste grenzenlos,
und meinem Wunsch gemäß habe ich Erleuchtung erlangt,
und ich habe den heiligen Körper der Wahrheit errungen.

[So endet] das dreizehnte Kapitel, „Susaṃbhava", im vortrefflichen Suvarṇabhāsa, dem mächtigen König der Sūtras.

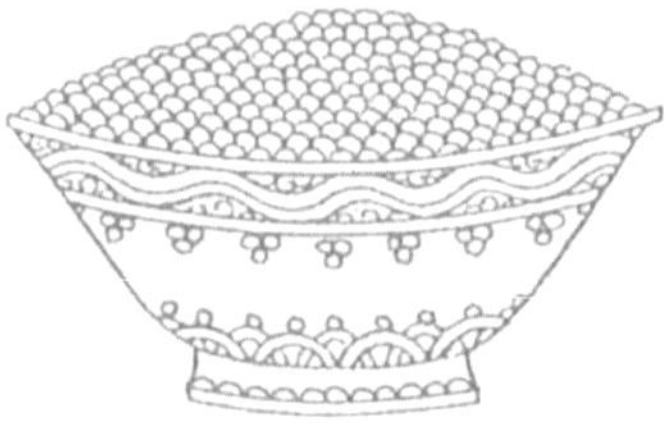

14. Kapitel

Zuflucht der Yakṣas

Große Göttin Śrī, wenn ein gläubiger Sohn oder eine gläubige Tochter aus guter Familie den Bhagavan Buddhas der Vergangenheit, Gegenwart und Zukunft mit allen Arten von Gegenständen Gaben in größtem Umfang, von unvorstellbarer Fülle darbringen möchte, wenn er oder sie wünscht, die tiefgründige Sphäre des Wirkens aller Bhagavan Buddhas der Vergangenheit, Gegenwart und Zukunft zu erkennen, so müssen sie sich an einen Ort begeben, sei es ein Kloster oder eine Klause, an dem dieses vortreffliche Suvarṇabhāsa, der mächtige König der Sūtras, ausführlich und richtig gelehrt wird, und sie sollten ganz zweifellos dieses vortreffliche Suvarṇabhāsa, den mächtigen König der Sūtras, mit gesammeltem Geist und gespitzten Ohren anhören. Dann sprach der Erhabene die [folgenden] Verse, um diese Aussage ausführlicher zu erläutern:

„Wer wünscht, allen Buddhas
unerdenkliche Verehrung darzubringen,
und wünscht, die tiefgründige Sphäre
des Wirkens aller Buddhas zu erkennen,

der soll sich an einen Ort begeben,
sei es ein Kloster oder Wohnhaus,
an dem dieses heilige Sūtra,
das vortreffliche Suvarṇabhāsa, gelehrt wird.

Dieses Sūtra ist unvorstellbar,
ein endloses Meer von Tugenden,
das alle Wesen vollkommen befreit
aus dem unermesslichen Meer der Leiden.

Ich schaue den Anfang des Sūtra,
seine Mitte und sein Ende:
Es ist der mächtige König der Sūtras, von größter Tiefgründigkeit,
und nichts ist mit demselben zu vergleichen.

Weder die Teilchen im Fluss Ganges,
noch die Teilchen der Erde,
der Meere oder des Raumes
können mit ihm verglichen werden.

In diesem Augenblick soll man eintreten,
indem man in die Dharmadhātu[120] eintritt,
in den Stūpa[121], dessen Wesen der Dharma ist,
tiefgründig, unerschütterlich fest.

Und in der Mitte dieses Stūpa
wird man den Bhagavan Śākyamuni sehen,
der mit wohl tönender Stimme
dieses Sūtra verkündet.

Für unvorstellbare, zahllose
Millionen von Zeitaltern
wird, [wer dieses Sūtra gehört hat],
die Freuden von Göttern und Menschen genießen.

Wer dieses Sūtra gehört hat,
wird in diesem Moment wissen:
‚Ich habe eine unerdenkliche Fülle
von Verdiensten errungen.'

Wer, um dieses Sūtra zu hören,
eine Strecke von hundert Yojanas,
übersät mit Feuergruben, zu durchqueren
und dabei starken Schmerz zu ertragen vermag,
dessen Missetaten werden zunichte,
sobald er an jenem Ort angekommen ist,
sei es ein Kloster oder ein Wohnhaus.

Wenn er dort angekommen ist,
so lassen Träume voller böser Omen,
Schaden durch Planeten und Gestirn
und alle Flüche und Dämonen von ihm ab.

Dort soll man einen Thron errichten,
einem Lotus gleich,
wie von den Nāga-Königen
im Traume offenbart.

Wer auf dem Throne Platz nimmt
und ausführlich das Sūtra erklärt,

soll die Silben lesen, die geschrieben stehen,
und soll sie außerdem recht verstehen.

Ist er dann von seinem Thron herabgestiegen,
und hat er sich auch an einen anderen Ort begeben,
so werden auf diesem Thron
wundersame Dinge erscheinen.

Manchmal wird die Gestalt
des Verkünders des Dharma dort erscheinen,
ein anderes Mal die Gestalt des Buddha
und dann wieder die eines Bodhisattva.

Manchmal wird die Gestalt
von Samantabhadra oder Mañjuśrī
und manchmal die von Maitreya
auf diesem Thron erscheinen.

Manchmal ist dort nur ein Licht,
manchmal die flüchtige Erscheinung von Göttern zu sehen,
die eine kleine Weile dort verweilt
und dann verschwindet.

Wer den Buddha schaut, wird gepriesen werden,
und er wird alles erlangen:
Korn, Glück[122], Herrlichkeit und [gute] Zeichen
werden [ihm] durch den Buddha zuteil werden.

Er wird Sieg erlangen, Glanz und Ruhm,
Widersacher wird er zurückwerfen,
die Scharen von fremden Feinden wird er vernichten,
und er wird die Feinde unterwerfen in der Schlacht.

Alle bösen Träume werden besänftigt,
alles Böse wird völlig vergehen,
alles Böse wird befriedet werden,
und Sieg erlangt er in der Schlacht.

Dieses ganze Jambudvīpa
wird von Ruhm erfüllt sein,
und alle Feinde
werden vollkommen unterliegen.

[Alle] Feinde werden für immer bezwungen,
von allem Übel kehrt man sich ab,
an vorderster Front wird man siegreich sein in der Schlacht,
und von Feinden befreit, wird man zuhöchst erfreut sein.

König Brahma, [Indra], der Herr der Dreiunddreißig,
ebenso die Weltbeschützer,
Vajrapāṇi, der Herr der Yakṣas,
Saṃjñāya, der siegreiche Viṣṇu,
Anavatapta, der Herrscher der Nāgas,
ebenso Sāgara,
die Herrscher der Kiṃnaras und die Herrscher der Asuras
und gleichfalls die Herrscher der Garuḍas –

all diese zusammen mit allen Göttern
werden dem unvorstellbaren Stūpa des Dharma
ohne Unterlass Verehrung erweisen.

Wenn sie Wesen sehen, die ehrfürchtig sind,
so werden sie froh gestimmt,
und alle die edlen Herren der Götter
werden an sie denken.

Und all diese Götter
werden zueinander sagen:
‚Seht doch all diese Menschen,
die Verdienst, Ruhm und Glanz erwerben:
aufgrund einer reinen Tugendwurzel sind sie gekommen,
dieses tiefgründige Sūtra zu hören,
mit unvorstellbarem Vertrauen,
mit Respekt für den Stūpa des Dharma;
sie haben Erbarmen mit der Welt,
sie wirken zum Wohle von Lebewesen.

Durch tiefgründige Phänomene sind sie Gefäße
für den Geschmack des heiligen Dharma geworden.
Indem sie in die Dharmadhātu eingetreten sind,
sind diese [Wesen] vollständig eingetreten.

Die [Wesen], die dieses Suvarṇabhāsa,
das vortreffliche, heilige Sūtra vernehmen,
dieselben haben Hunderttausende
von früheren Buddhas verehrt.‘

Und all die mächtigen Könige der Götter,
ebenso Sarasvatī,
Śrī und Vaiśravaṇa,
die Vier Könige mit
Hunderttausenden von Yakṣas,
die übernatürliche Kräfte[123]
und große Kraft besitzen,
werden denen, die aufgrund dieser Tugendwurzel
dieses Sūtra hören,
überall in den vier Richtungen
großen Schutz gewähren.

Indra, Chandra, Yāma,
Vāyu, Varuṇa und Skanda,
Viṣṇu, Sarasvatī,
Prajāpati und Hutāśana,
all diese Weltbeschützer,
die Feinde mit großer Kraft zerschmettern,
werden ihnen immerdar Schutz gewähren,
unablässig bei Tag und bei Nacht.

Die beiden mächtigen Herren der Yakṣas,
Nārāyana und Maheśvara,
Saṃjñāya und die achtundzwanzig anderen [Generäle
der Yakṣas],
mit Hunderttausenden von Yakṣas,
die übernatürliche Kräfte und große Stärke besitzen,
werden ihnen in all ihren Ängsten
und Schrecken Schutz gewähren.

Vajrapāṇi, der Herr der Yakṣas,
mit fünfhundert Yakṣas
und alle Bodhisattvas
werden ihnen Schutz gewähren.

Māṇibhadra, der Herr der Yakṣas,
ebenso Pūrṇabhadra,
Kumbhīra und Āṭavaka,
gleichfalls Piṅgala und Kapila,

ein jeder Herrscher der Yakṣas
mit fünfhundert Yakṣas
wird denen Schutz gewähren,
die dieses Sūtra gehört haben.

Citrasena, der Gandharva,
Jinarṣabha, der König der Überwinder,
Maṇikaṇṭha, Nikaṇṭha,
Varṣādhipati [Herr des Regens],
Mahāgrāsa, Mahākāla,
Suvarṇakeśa [Goldenes Haar],
Pāñcika und Chagalapāda,
ebenfalls Mahābhāga,
Praṇālin und Dharmapāla,
Markaṭa, desgleichen Vāli,
Sūciroma, Sūryamitra,
ebenso Ratnakeśa,
Mahāpraṇālin und Nakula,
Kāmaśreṣṭha und Candana,
Nāgayana und Haimavata,

gleichfalls Satāgiri –
all jene, die mit großer Stärke fremde Feinde besiegen,
die übernatürliche Kräfte besitzen,
werden denen Schutz gewähren,
die sich an diesem Sūtra erfreuen.

Anavatapta, der König der Nāgas,
gleichfalls Sāgara,
Mucilinda, Elapatra,
Nanda und auch Upanandaka
mit Hunderttausenden von Nāgas,
im Besitz übernatürlicher Kräfte und großer Stärke,
werden ihnen Schutz gewähren
vor Furcht und Schrecken jeglicher Art.

Bali, Rāhu, Namuci,
Vemacitra, Saṃvara,
Prahlāda und Kharaskandha
und andere Herren der Asuras
mit Hunderttausenden von Asuras,
im Besitz übernatürlicher Kräfte und großer Stärke,
werden ihnen Schutz gewähren,
wenn Furcht und Schrecken ausgebrochen sind.

Hārītī, die Mutter der Bhūtas,
mit ihren fünfhundert Söhnen
wird ihnen Schutz gewähren,
ob sie schlafen, liegen oder gar betrunken sind.

Caṇḍā, Caṇḍālikā,
ebenso die Yakṣiṇī Caṇḍikā,
Kuntī und Kūṭadantī
und ‚Die, die alle Wesen ihrer Pracht beraubt' –
all diese, im Besitz übernatürlicher Kräfte,
die mit großer Stärke fremde Feinde besiegen,
werden ihnen aus allen vier Richtungen
Schutz gewähren.

Sarasvatī und ihresgleichen,
unvorstellbar [viele] Göttinnen,
die Göttin Śrī und andere [Göttinnen],
alle diese Göttinnen
und die Erdgöttin selbst,
die Gottheiten der Ernte, der Früchte und des Waldes,
all die, die Haine, Bäume und Stūpas bewohnen,
und die Gottheiten des Windes,
all diese Gottheiten hier,
mit hocherfreutem Geiste,
werden denen Schutz gewähren,
die sich an diesem Sūtra erfreuen.

Und sie werden diese Wesen mit [einem langen] Leben,
mit guter Erscheinung und Kraft segnen
und sie immerdar zieren mit der Herrlichkeit
von Ruhm, Verdienst und Majestät.

Sie werden allen Schaden durch den Einfluss
von Planeten und Gestirn abwenden,
und Ungemach und Schlechtigkeit
sowie alle bösen Träume werden sie befrieden.

Und die tiefgründige, mächtige Erdgöttin
wird mit dem Geschmack
des vortrefflichen Suvarṇabhāsa,
des mächtigen Königs der Sūtras, gesättigt werden.

Der Saft der Erde wird
bis hin zum Vajra-Fundament
in einer Tiefe von sechs Millionen
und achthunderttausend Yojanas anschwellen.

Er wird gute hundert Yojanas
hinunter in die Tiefe dringen,
dann wird er aufsteigen und die Erdoberfläche
von unten her durchfeuchten.

Durch die Kraft vom Hören des Sūtra
werden all diese Gottheiten
mit dem Geschmack des vortrefflichen Suvarṇabhāsa,
des mächtigen Königs der Sūtras, gesättigt werden.

Sie werden prächtig werden,
sie werden von Kraft erfüllt sein,
sie werden froh,
und sie werden zufrieden sein.

Überall in diesem Jambudvīpa
werden die Gottheiten der Früchte, der Ernten und der Wälder
von verschiedenen Geschmäckern erquickt
und gar sehr entzückt sein.

Sind sie erst vom Geschmack dieses Sūtra erquickt,
werden sie die Früchte und die Ernten,
all die verschiedenen Blumen,
die unterschiedlichen Obstbäume
allerorts aufs Schönste gedeihen lassen.
Die Obstbäume, die Parks und die Wälder
werden in reicher Blütenpracht
mannigfaltige Düfte verströmen.

Alle Wiesen und Wälder
mit verschiedenartigen Blumen
und einer Fülle von Früchten
werden sie auf Erden gedeihen lassen.

Überall in diesem Jambudvīpa
werden ungezählte Nāga-Mädchen frohgemut sein,
sie werden sich bei Lotusteichen versammeln,
und in allen Teichen
werden Wasserlilien und Lotus,
Utpala-Blumen und
verschiedene Arten von weißem Lotus wachsen.

Der Himmel wird klar werden,
ohne Rauch und Wolken,
ohne Düsternis und Staub,
und die Himmelsrichtungen werden in hellem Licht
[erstrahlen].

Die Sonne mit ihren tausend Strahlen,
mit ihrem schönen Netz von Strahlen,

wird aufgehen voller Freude
über ihren hellen Schein.

Die mächtige Sonne, Kind der Götter,
die in ihrem Palast
aus Jambūnada-Gold verweilt,
wird durch dieses Sūtra gesättigt.

Mit heller Freude wird die mächtige Sonne
über Jambudvīpa aufgehen,
und alles wird sie in Licht tauchen
mit ihrem endlosen Strahlennetz.

Kaum ist sie aufgegangen,
wird sie ihr Strahlennetz aussenden
und in den verschiedenen Teichen
die Lotusblüten öffnen.

Überall in diesem Jambudvīpa
wird sie vollkommen und in rechter Weise
die verschiedenen Blumen, die Früchte und Kräuter zur
Reife bringen,
und die ganze Erde wird gesättigt werden.

Zu dieser Zeit werden Mond und Sonne
besonders ausgezeichnet scheinen,
Gestirne werden in rechter Weise aufgehen,
und zur rechten Zeit erhebt sich der Wind.

Überall in Jambudvīpa wird es gute Jahre geben,
die Länder jedoch,
in denen dieses Sūtra existiert,
werden überaus vortrefflich sein."

[So endet] das vierzehnte Kapitel „über vollkommenen Schutz, das man ‚Zuflucht der Yakṣas' nennt", in dem vortrefflichen Suvarṇabhāsa, dem mächtigen König der Sūtras.

15. Kapitel

Die Prophezeiung für die zehntausend Söhne der Götter

Als dies gesagt war, sprach die edle Göttin Bodhisattvasamuccayā zum Bhagavan: „Aus welchem Grund, Erhabener, durch welchen Umstand, aufgrund welcher reinen Tugendwurzel, welcher Tat, die sie getan und angesammelt haben, sind die zehntausend Söhne der Götter hier, angefangen mit Jvalanāntaratejorāja, nun, da [sie] die Prophezeiung der Erleuchtung dieser drei vortrefflichen Wesen gehört haben, aus [dem Himmel der] Dreiunddreißig zum Erhabenen gekommen, um den Dharma zu hören?“

„Dieses heilige Wesen, der Bodhisattva Ruciraketu, wird in künftiger Zeit, wenn zahlreiche Hunderttausende von Millionen von zahllosen Zeitaltern jenseits aller Zeitrechnung verstrichen sind, in der Suvarṇaprabhāsitā-Weltsphäre Buddhaschaft in höchster und vollkommener Erleuchtung erlangen. Er wird in der Welt erscheinen als der Tathāgata mit Namen Suvarṇaratnākaracchatrakūṭa, Arhat, Samyaksaṃbuddha, ein Vollkommener in Weisheit und rechtem Verhalten, Sugata, Kenner der Welt, Allerhöchster Lenker der Wesen, die zu zähmen sind, Lehrer der Götter und Menschen, Bhagavan Buddha.[124]

Wenn dann der Erhabene Suvarṇaratnākaracchatrakūṭa, der Tathāgata, der Arhat, der Samyaksaṃbuddha Parinirvāṇa erlangt hat, wenn der heilige Dharma untergegangen und seine Lehre in jeder Hinsicht vollständig verschwunden sein wird, so wird dieser junge Sohn mit Namen Rūpyaketu als Nachfolger dieses Tathāgata in der Virajadhvaja-Weltsphäre als der Tathāgata Suvarṇajambudhvajakāñcanābha, Arhat, Samyaksaṃbuddha, in der Welt erscheinen.

Wenn dann der Erhabene Suvarṇajambudhvajakāñcanābha, der Tathāgata, der Arhat, der Samyaksaṃbuddha Parinirvāṇa erlangt hat, wenn der heilige Dharma untergegangen und seine Lehre in jeder Hinsicht vollständig verschwunden sein wird, so wird dieser junge Sohn mit Namen Rūpyaprabha als Nachfolger dieses Tathāgata in der Virajadhvaja-Weltsphäre Buddhaschaft in höchster und vollkommener Erleuchtung erlangen. Er wird in der Welt erscheinen als der Tathāgata mit Namen Suvarṇaśataraśmiprabhāsaketu, Arhat, Samyaksaṃbuddha, ein Vollkommener in Weisheit und rechtem Verhalten, Sugata, Kenner der Welt, Allerhöchster Lenker der Wesen, die zu zähmen sind, Lehrer der Götter und Menschen, Bhagavan Buddha."

„Jenen wurde nun solcherart vom Erhabenen höchste und vollkommene Erleuchtung prophezeit. Bis dahin jedoch, Erhabener, hatten diese zehntausend Söhne der Götter, beginnend mit Jvalanāntaratejorāja, nicht in recht großem Umfang die Bodhisattva-Aktivitäten verfolgt. Man hat nicht davon gehört, dass sie sich in der Vergangenheit in den Sechs Vollkommenheiten geübt hätten. Man hat auch nicht davon gehört, dass sie in der Vergangenheit Hände, Füße, Augen, das höchste Körperteil, den Kopf, geliebte Söhne, Frauen, Töchter hingegeben hätten. Man hat nicht davon gehört, dass sie in der Vergangenheit Reichtum, Getreide, Kaurimuscheln, Gold, Edelsteine, Perlen, Lapislazuli, Muschelschalen, Kristall, Korallen, Silber, Goldstaub und Juwelen hingegeben hätten. Man hat nicht davon gehört, dass sie in der Vergangenheit Speisen, Getränke, Kleidung, Wagen, Bettzeug, Wohnungen, Paläste, Parks, Teiche und Weiher hingegeben hätten. Man hat nicht davon gehört, dass sie in der Vergangenheit Elefanten, Rinder, Hengste und Stuten, Dienerinnen und Diener hingegeben hätten. Diese zahllosen Hunderttausende von Millionen von Bodhisattvas [hingegen] haben für zahllose Hunderttausende von Millionen von zahllosen Weltzeitaltern zahllosen Hunderttausenden von Millionen von Tathāgatas mit den verschiedensten zahllosen, unvorstellbaren Hunderttausenden Akten der Ehrerbietung, mit all ihren Gütern, mit allen Arten von Gegenständen ihre Verehrung dargebracht. Alle Dinge, die man hingeben kann, haben sie hingegeben, ihre Hände und Füße, die Augen, das höchste Körperteil, den Kopf, geliebte Söhne, Frauen und Töchter gaben sie hin, Reichtum, Getreide, Kaurimuscheln und Gold, Edelsteine, Perlen, Lapislazuli, Muschelschalen, Kristall, Korallen, Silber und Goldstaub gaben sie hin, Speisen, Getränke, Kleidung, Wagen, Bettzeug, Wohnungen, Paläste, Parks, Gärten, Teiche, Elefanten, Rinder, Hengste und Stuten, Dienerinnen und Diener gaben sie hin. [Auf diese Weise vollendeten sie] nach und nach die Sechs Vollkommenheiten, und sie erfuhren zahlreiche Hunderttausende von Freuden, bis sie vom Bhagavan Buddha die Prophezeiung eines Tathāgata-Namens erhielten. Aus welchem Grunde also, Erhabener, durch welchen Umstand, durch welche Art reiner Tugendwurzel haben diese zehntausend Söhne der Götter, Jvalanāntaratejorāja und die anderen, die hier vor das Angesicht des Erhabenen getreten sind, um den Dharma zu hören, nun vom Erhabenen die Prophezeiung zu höchster und vollkommener Erleuchtung erhalten? [Warum wohl hat der Erhabene ihnen nun vorausgesagt], dass sie in künftiger Zeit, wenn zahlreiche Hunderttausende von Millionen zahlloser Weltzeitalter verstrichen sein werden, in der Sālendradhvajāgravatī-Weltsphäre einer nach dem anderen mit der gleichen Abstammung und Familie und mit dem gleichen Namen zu höchster und vollkommener Erleuchtung erwachen und dass sie in der Welt in den zehn Richtungen als die zehntausend Buddhas mit dem Namen Prasannavadanotpalagandhakūṭa erscheinen werden, Vollkommene in Weisheit und rechtem Verhalten, Sugatas, Kenner der Welt, Allerhöchste Lenker der Wesen, die zu zähmen sind, Lehrer der Götter und Menschen, Bhagavan Buddhas?“

Als dies gesagt worden war, sprach der Erhabene zur edlen Göttin Bodhisattvasamuccayā: „Einen Grund gibt es, edle Göttin, einen Umstand, eine reine Tugendwurzel, eine Tat, die sie getan haben, die sie angesammelt haben, die dazu geführt hat, dass diese zehntausend Söhne der Götter, angefangen mit Jvalanāntaratejorāja, nun aus dem Gefilde der Dreiunddreißig hierher gekommen sind, um den Dharma zu hören: Im selben Augenblick, als sie die Prophezeiung der Erleuchtung für jene drei heiligen Männer vernommen hatten, edle Göttin, da brachten sie, kaum dass sie sie vernommen hatten, außerordentliche Verehrung, Zuneigung und

Vertrauen zu diesem vortrefflichen Suvarṇabhāsa, dem mächtigen König der Sūtras, hervor. Augenblicklich wurden sie erfüllt von einem Geist, der so rein war wie reiner Lapislazuli, von einem tiefgründigen Geist voller Vertrauen, dem reinen, weiten, grenzenlosen Himmel gleich, und auf diese Weise erlangten sie eine unermessliche Menge an Verdienst. Edle Göttin, sobald sie das vortreffliche Suvarṇabhāsa, den mächtigen König der Sūtras, vernommen hatten, waren die zehntausend Söhne der Götter, angefangen mit Jvalanāntaratejorāja, lange von höchster Verehrung und tiefstem Vertrauen zu diesem vortrefflichen Suvarṇabhāsa, dem mächtigen König der Sūtras, erfüllt. Und sie wurden so lange erfüllt von einem Geist, der so rein war wie reiner Lapislazuli, bis sie die Stufe der Prophezeiung erlangt hatten. Edle Gottheit, aufgrund dieser Ansammlung einer Tugendwurzel, durch das Hören des Dharma und durch die Kraft früherer Wunschgebete haben diese zehntausend Söhne der Götter, beginnend mit Jvalanāntaratejorāja, nun von mir die Prophezeiung zu höchster und vollkommener Erleuchtung erhalten."

[So endet] das fünfzehnte Kapitel, „Die Prophezeiung für die zehntausend Söhne der Götter", im vortrefflichen Suvarṇabhāsa, dem mächtigen König der Sūtras.

16. Kapitel

Das Heilen von Krankheiten

Einst, edle Göttin, in vergangener Zeit, vor unvorstellbaren, unermesslichen zahllosen Weltzeitaltern, da erschien zu einer Zeit, in einem Augenblick in der Welt ein Tathāgata mit Namen Ratnaśikhin, ein Arhat, ein Samyaksaṃbuddha, ein Vollkommener in Weisheit und rechtem Verhalten, ein Sugata, Kenner der Welt, Allerhöchster Lenker der Wesen, die zu zähmen sind, Lehrer von Göttern und Menschen, Bhagavan Buddha. Zu jener Zeit, edle Göttin, in jenem Augenblick, nachdem der Erhabene Ratnaśikhin, der Tathāgata, Arhat, Samyaksaṃbuddha, Parinirvāṇa erlangt hatte, als der heilige Dharma untergegangen war und nur noch eine Nachahmung des heiligen Dharma existierte, da gab es einen König mit Namen Sureśvaraprabha. Als gesetzestreuer Dharmakönig beschützte er sein Reich im Einklang mit dem Dharma, nicht gemäß der Gesetzlosigkeit. Und den Wesen, die in seinem ganzen Lande lebten, war er wie Mutter und Vater.

Zu jener Zeit aber, edle Göttin, in jenem Augenblick, da lebte in dem Land von König Sureśvaraprabha ein Kaufmann mit Namen Jaṭiṃdhara, ein Arzt, ein Heilkundiger, ein großer Kenner der Elemente, der vollkommen bewandert war in der achtteiligen Abhandlung über die medizinische Wissenschaft.[125] Zu jener Zeit aber, oh edle Göttin, in jenem Augenblick, da hatte der Kaufmann Jaṭiṃdhara einen Sohn mit Namen ‚Jalavāhana, der Kaufmannssohn', der von angenehmer Gestalt war, von gar schönem Angesicht, anziehend, von guter Erscheinung, stattlich und voller Vorzüge. Er war gelehrt in einer großen Zahl von Abhandlungen, und er hatte alle die verschiedenen Abhandlungen verstanden und gemeistert. Er war bewandert in der Literatur, der Zahlenkunde, im Handlesen[126] und in der Mathematik. Zu jener Zeit aber, edle Göttin, in jenem Augenblick, da gab es im Land von König Sureśvaraprabha zahlreiche Hunderttausende von Wesen, die von verschiedenen Krankheiten befallen waren, die an verschiedenen Erkrankungen litten, die ihnen schwere Schmerzen bereiteten und unerträgliches Leid. Zu jener Zeit aber, edle Göttin, in jenem Augenblick, da entstand in dem Kaufmannssohn Jalavāhana ein Gedanke großen Erbarmens für jene zahlreichen Hunderttausende von Wesen, die von den verschiedensten Krankheiten befallen waren, die an den verschiedensten Erkrankungen litten:

‚Diese zahlreichen Hunderttausende von Wesen, die von den verschiedensten Krankheiten befallen sind, die unter den verschiedensten Erkrankungen leiden, ertragen schwere Schmerzen und unerträgliches Leid. Mein Vater Jaṭiṃdhara, der Kaufmann, ein Arzt, ein Heilkundiger, ein Kenner der großen Elemente, der vollkommen bewandert ist in der achtteiligen Abhandlung über die medizinische Wissenschaft, ist alt und gebrechlich, am Ende seiner Tage und muss sich zitternd auf einen Stock stützen. Er kann nicht [mehr] in die Dörfer gehen, in die Städte, Siedlungen, Provinzen, Gebiete und Paläste, um diese zahlreichen Hunderttausende von Wesen, die von verschiedenen Krankheiten befallen sind, die an verschiedenen Erkrankungen leiden, von ihren verschiedenen Krankheiten zu befreien. So will ich denn an meinen Vater Jaṭiṃdhara herantreten und ihn nach seinem Wissen über die Elemente befragen. Ich will mich in den Elementen kundig machen, um alle die zahlreichen Hunderttausende von Wesen, die von verschiedenen Krankheiten befallen sind, die unter den verschiedenen Erkrankungen leiden, von ihren verschiedenen Krankheiten und Schmerzen zu heilen. Und wenn ich ihn dann über die Elemente befragt habe, wenn ich mich in den Elementen kundig gemacht habe, will ich mit diesem Wissen alsdann in all die Dörfer, Städte, Siedlungen, Provinzen, Gebiete und Paläste gehen und alle die zahlreichen Hunderttausende von Wesen, die von verschiedenen Krankheiten befallen sind, die an verschiedenen Erkrankungen leiden, von ihren verschiedenen Krankheiten und Schmerzen befreien.‘

Sodann, edle Göttin, in jenem Augenblick begab sich Jalavāhana, der Kaufmannssohn, an den Ort, an dem sich sein Vater Jaṭiṃdhara aufhielt. Dort angekommen, verneigte er sich, indem er mit dem Kopf die Füße seines Vaters Jaṭiṃdhara berührte, legte seine Hände in der Geste der Verehrung aneinander und setzte sich auf einer Seite nieder. Auf der Seite sitzend befragte Jalavāhana, der Kaufmannssohn, seinen Vater Jaṭiṃdhara in den folgenden Versen über sein Wissen von den Elementen, um sich in den Elementen kundig zu machen:

„Wie sind die Körperfunktionen[127] betroffen,
und wie verändern sich die Elemente?
Zu welcher Zeit entstehen
die verschiedenen Krankheiten für verkörperte Wesen?

Wie erlangt man Wohlergehen,
indem man rechte und unrechte Zeiten für das Essen beachtet?
Und welches ist [die Speise], die das Körperfeuer
im Innern des Körpers nicht schädigt?

Wie soll die medizinische Behandlung sein,
um eine Krankheit zu heilen,
die aufgrund von Wind, Galle oder Schleim
oder durch eine Kombination derselben entstanden ist?

Wann ist das Windelement gestört,
wann Galle,
wann Schleim,
so dass sie dem Menschen schaden?"

Da legte der Kaufmann Jaṭiṃdhara seinem Sohn Jalavāhana seine Kenntnisse der Elemente mit den folgenden Versen dar:

„Drei Monate nennt man ‚Sommerzeit',
drei ‚Herbst', drei ‚Winter', , drei ‚Frühling',
wenn man ein Jahr als zwölf Monate versteht
und die Monate zu je drei zusammenfasst.

Werden die Monate zu je zwei [zusammengefasst],
so hat die Folge der Monate sechs Perioden.
Speisen und Getränke werden entsprechend verdaut.
Der Arzt erklärt die Elemente und die rechte Zeit.

Die Körperfunktionen und Elemente
verändern sich in den Jahreszeiten,
und während die Körperfunktionen sich ändern,
entstehen die verschiedenen Krankheiten des Körpers.

Der Arzt muss daher in der vierfachen Einteilung
in drei Monate, in den sechs Zeitabschnitten
der [zweimonatlichen] Einteilung
und in den sechs Elementen bewandert sein.

Im Sommer treten Beschwerden
aufgrund eines Übermaßes von Wind auf,
Störungen der Galle im Herbst,
Beschwerden durch ein Übermaß von Schleim
entstehen in der Frühlingszeit,
und solche durch eine Kombination der drei im Winter.
Speisen, Getränke und Arzneien
richten sich nach dieser Einteilung:

Im Sommer sind die Geschmacksrichtungen fett, wärmend, salzig und sauer,
im Herbst fett, süß und kühl,
im Winter süß, sauer und fett
und im Frühling herb und warm.

Schleim überwiegt nach dem Essen,
Galle während der Verdauung,
nach der Verdauung Wind;
auf diese Weise sind die drei Elemente in Bewegung.

Gib Stärkung einem, der [zu viel] Wind hat,
ein Abführmittel, um Galle zu beseitigen,
ein Brechmittel in einer Zeit mit [übermäßigem] Schleim
und im Falle einer Kombination etwas, was allen Dreien entspricht.

Man muss die Kriterien für ein Übermaß an Wind,
an Galle oder Schleim und für eine Kombination kennen,
Speisen, Getränke und Arzneien müssen so verordnet werden,
dass sie der Zeit, dem Element und dem Körper entsprechen."

Und nachdem Jalavāhana, der Kaufmannssohn, diese Kenntnisse bezüglich der Elemente und der Krankheitsursachen, die mit ihnen in Zusammenhang stehen, erfragt hatte, da verstand er die ganze achtteilige medizinische Wissenschaft.

Daraufhin, edle Göttin, zu jener Zeit, in jenem Augenblick ging Jalavāhana, der Kaufmannssohn, in all die Dörfer, Städte, Siedlungen, Provinzen, Gebiete und Paläste im Land von König Sureśvaraprabha, und auf die folgende Art und Weise sprach er den zahlreichen Hunderttausenden von Wesen, die von verschiedenen Krankheiten befallen waren, die an verschiedenen Erkrankungen litten, Trost zu: „Ich bin ein Arzt, ich bin ein Arzt. Ich werde euch von euren verschiedenen Krankheiten befreien." So machte er sich bekannt. Edle Göttin, kaum hörten sie Jalavāhana, den Kaufmannssohn, diese Worte sprechen, da wurden alle die zahlreichen Hunderttausende von Wesen von großer Freude erfüllt. Und sie waren erleichtert, erfüllt von unvorstellbarer Freude und Glück. In diesem Moment, in diesem Augenblick aber wurden zahlreiche Hunderttausende von Wesen, die von verschiedenen Krankheiten befallen waren, die an verschiedenen Erkrankungen litten, von ihren Krankheiten geheilt. Sie wurden frei von ihren Krankheiten und wurden gesund. Und sie wurden von derselben Energie, Stärke und Tatkraft erfüllt wie zuvor.

Zu jener Zeit, edle Göttin, in jenem Augenblick kam von diesen Hunderttausenden von Millionen von Wesen, die von verschiedenen Krankheiten befallen waren, die an verschiedenen Erkrankungen litten, ein jeder, der mit einer schweren Krankheit geschlagen war, zu Jalavāhana, dem Kaufmannssohn. Und welche medizinische Verordnung Jalavāhana, der Kaufmannssohn, diesen zahlreichen Hunderttausenden von Wesen, die von verschiedenen Krankheiten befallen waren, die an verschiedenen Erkrankungen litten, auch gab, all jene Wesen wurden dadurch von ihren Krankheiten geheilt. Und sie wurden frei von Krankheit oder behielten nur eine leichte Krankheit und wurden erfüllt mit derselben Energie, Stärke und Tatkraft wie zuvor.

Zu jener Zeit, edle Göttin, in jenem Augenblick, da wurden in allen Dörfern, Städten, Siedlungen, Provinzen, Gebieten und Palästen im Land von König Sureśvaraprabha all diese zahlreichen Hunderttausende von Wesen, die von verschiedenen Krankheiten befallen waren, die an verschiedenen Erkrankungen litten, durch den Kaufmannssohn Jalavāhana von ihren verschiedenen Krankheiten befreit.

[So endet] das sechzehnte Kapitel, „Das Heilen von Krankheiten“, in dem vortrefflichen Suvarṇabhāsa, dem mächtigen König der Sūtras.

17. Kapitel

Wie Jalavāhana die Fische zähmte

Edle Göttin, nachdem alle Wesen im Lande von König Sureśvaraprabha durch Jalavāhana, den Kaufmannssohn, von ihren Krankheiten geheilt waren oder ihre Krankheiten Linderung erfahren hatten, und nachdem ihre Energie, ihre Kräfte und ihre Gesundheit wieder hergestellt waren, da waren alle die Wesen so lebensfroh wie früher und voller Kraft, sie amüsierten sich, sie übten sich in Freigebigkeit und vollbrachten verdienstvolle Werke. Und sie priesen Jalavāhana, den Kaufmannssohn: „Hoch soll er leben, hoch soll Jalavāhana leben, der Kaufmannssohn, der König der Ärzte, der Heiler der Krankheiten aller Wesen. Er muss fürwahr ein Bodhisattva sein. Er hat das gesamte achtfache medizinische Wissen verstanden."

Edle Göttin, Jalavāhana, der Kaufmannssohn, hatte eine Gemahlin mit Namen Jalāmbugarbhā, die zwei Söhne hatte. Der eine wurde Jalāmbara genannt, der andere Jalagarbha. Und zu jener Zeit, edle Göttin, bereiste Jalavāhana, der Kaufmannssohn, gemeinsam mit seinen beiden Söhnen der Reihe nach Dörfer, Städte, Ansiedlungen, Provinzen, Gebiete und Paläste. Da kam, edle Göttin, Jalavāhana, der Kaufmannssohn, eines Tages auch in eine gewisse Wildnis. Und in dieser Wildnis sah er Fleisch fressende Hunde, Wölfe, Schakale, Krähen und andere Vögel. Und er sah sie in die Richtung eilen, in welcher der Teich Aṭavīsaṃbhavā („In der Wildnis“) lag. Da dachte er: ‚Warum eilen diese Fleisch fressenden Hunde, Wölfe, Schakale, Krähen und anderen Vögel wohl alle in diese Richtung?‘ Und ferner dachte er: ‚Ich will den Fleisch fressenden Hunden, Wölfen, Schakalen, Krähen und anderen Vögeln in die Richtung folgen, in die sie laufen.‘ Als er ihnen so folgte, edle Göttin, da erreichte Jalavāhana, der Kaufmannssohn, die Stelle, an welcher sich der Teich Aṭavīsaṃbhavā befand. Etwa zehntausend Fische lebten in diesem Teich. Und er sah dort viele Hunderte Fische, die ohne Wasser waren, und großes Erbarmen erfüllte sein Herz. Da wurde er einer Göttin gewahr, deren Körper zur Hälfte aus einem Baum hervorkam.

Diese Göttin sprach so zu Jalavāhana, dem Kaufmannssohn: „Gut so, gut so, edler Sohn. Da man dich Jalavāhana (‚Wasserspender‘)[128] nennt, so gib den Fischen Wasser. Aus zwei Gründen wird jemand Jalavāhana genannt: Weil er Wasser herabkommen lässt und weil er Wasser gibt. Handle also deinem Namen entsprechend.“ Und Jalavāhana fragte: „Wie viele Fische sind hier, Göttin?“ Die Göttin sagte: „Es sind genau zehntausend Fische.“ Da aber, edle Göttin, erfüllte Jalavāhana, den Kaufmannssohn, noch viel größeres Erbarmen als zuvor.

Zu jenem Zeitpunkt, edle Göttin, war in dem großen Teich Aṭavīsaṃbhavā nur noch ganz wenig Wasser. Und die zehntausend Fische, die des Wassers beraubt und an der Pforte des Todes angelangt waren, wanden sich [auf dem Trockenen]. Da, edle Göttin, lief Jalavāhana, der Kaufmannssohn, in alle vier Richtungen. Und in welche Richtung Jalavāhana, der Kaufmannssohn, auch lief, dorthin folgten die zehntausend Fische Jalavāhana mit flehenden Blicken. Da machte sich Jalavāhana, der Kaufmannssohn, in allen vier Richtungen auf die Suche nach Wasser, doch er konnte kein Wasser finden. Und er hielt erneut in den vier Richtungen Ausschau. Da sah er gar nicht weit entfernt mehrere große Bäume. Er stieg auf die Bäume hinauf, schnitt Äste von ihnen ab und mit denselben beladen kehrte er zu dem großen Teich zurück. Dort angekommen, machte er aus den Ästen ein Dach, das den zehntausend Fischen kühlen Schatten spendete. Alsdann, edle Göttin, untersuchte Jalavāhana, der Kaufmannssohn, von woher das Wasser in den Teich herabfloss. Und er fragte sich „Woher mag wohl das Wasser kommen?“ Und er suchte in den vier Richtungen, und er fand kein Wasser.

Eilig folgte er dem Flussbett und sah, dass jener Teich sein Wasser von einem großen Fluss namens Jalāgamā erhielt. Ein böses Wesen hatte diesen Fluss umgeleitet, so dass er sich in eine tiefe Kluft ergoss und jenen Fischen von nirgends mehr Wasser zufließen konnte. Als er das sah, dachte er: „Nicht einmal tausend Männer könnten den Fluss in seinen Lauf zurückbringen, um wie viel weniger könnte jemand wie ich das [alleine] zuwege bringen!“ Und er kehrte um.

Alsdann, edle Göttin, begab sich Jalavāhana, der Kaufmannssohn, geschwinden Schrittes zu König Sureśvaraprabha. Nachdem er vor den König getreten war, verneigte er sich mit dem Haupt zu Füßen des Königs Sureśvaraprabha, setzte sich sodann zur Seite nieder und berichtete ihm, was vorgefallen war: „Fürwahr, ich habe die Krankheiten der Wesen in allen Dörfern, Städten und Siedlungen im Lande eurer Majestät zum Stillstand gebracht. Als ich so von Ort zu Ort [umherwanderte], da kam ich zu einem Teich mit Namen Aṭavīsaṃbhavā. Zehntausend Fische leben dort, denen es an Wasser mangelt und die von der Sonne versengt werden. Ich bitte eure Majestät, mir zwanzig Elefanten zu geben, auf dass ich das Leben derer, die im Tierreich geboren wurden, zu retten vermag, so wie man das Leben von Menschen schützt."

Da befahl König Sureśvaraprabha seinen Ministern: „Gebt dem großen König der Ärzte zwanzig Elefanten." Und die Minister sagten: „Geh hin zum Elefantenhaus, großer Mann, nimm zwanzig Elefanten und handle zum Wohl und Glück der Lebewesen."

Daraufhin, edle Göttin, führten Jalavāhana, der Kaufmannssohn, und seine Söhne Jalāmbara und Jalagarbha die zwanzig Elefanten hinaus. Sie nahmen von den Elefantenwärtern hundert Lederschläuche entgegen und kehrten sodann zu der Stelle zurück, an welcher der große Fluss mit Namen Jalāgamā herabstürzte. Dort angekommen, füllten sie die Lederschläuche mit Wasser, luden das Wasser auf die Rücken der Elefanten und eilten geschwind zum Teich Aṭavīsaṃbhavā. Sie luden das Wasser von den Rücken der Elefanten ab, füllten den Teich von allen vier Seiten mit Wasser und gingen an den vier Seiten entlang um ihn herum. Wohin aber Jalavāhana, der Kaufmannssohn, seine Schritte auch lenkte, da eilten die zehntausend Fische ihm hinterher.

Edle Göttin, da kam Jalavāhana, dem Kaufmannssohn, der folgende Gedanke: ‚Warum wohl eilen mir diese zehntausend Fische hinterher?' Dann dachte er: ,Zweifellos wollen diese Fische, die ausgezehrt sind vom Feuer des Hungers, Nahrung von mir. So will ich ihnen etwas zu essen bringen.'

Edle Göttin, da sprach Jalavāhana, der Kaufmannssohn, also zu seinem Sohn Jalāmbara: „Rüste, guter Sohn, den schnellsten der Elefanten und reite gar geschwind darauf nach Hause. Wenn du angekommen bist, sprich also zu deinem Großvater, dem Kaufmann: ,Großvater, Jalavāhana sagt: »Packe alle Speisen zusammen, die in diesem Hause für Eltern, Brüder, Schwestern, Diener, Dienerinnen und Arbeiter wohl bereit stehen mögen, lade alles auf Jalāmbaras Elefanten und schicke ihn rasch zu Jalavāhana zurück.«'"

Daraufhin bestieg sein Sohn Jalāmbara den Elefanten und brach eilig nach Hause auf. Dort angekommen, trug er die Angelegenheit seinem Großvater eingehend vor. Sodann nahm er vom Großvater die erwähnten Speisen in Empfang, lud sie auf den Rücken des Elefanten, bestieg den Elefanten und kehrte zu dem Teich Aṭavīsaṃbhavā zurück. Als Jalavāhana seinen Sohn Jalāmbara sah, war er hocherfreut. Er nahm die Speisen von seinem Sohn entgegen, zerkleinerte sie, warf sie in den Teich und sättigte so die zehntausend Fische.

Da aber kam ihm der folgende Gedanke: ,Ich habe gehört, dass in früheren Zeiten einmal ein Mönch in einer Einsiedelei [die Schriften des] Mahāyāna las und sprach: »Wer zum Zeitpunkt seines Todes den Namen des Tathāgata Ratnaśikhin, des Arhat, des Samyaksaṃbuddha, vernimmt, wird in den glücklichen hohen Daseinsbereichen wiedergeboren.« So will ich nun jenen Fischen den tiefgründigen Dharma vom Abhängigen Entstehen darlegen. Ich will ihnen den Namen des Tathāgata Ratnaśikhin, des Arhat, des Samyaksaṃbuddha, verkünden.‘ Zu jener Zeit waren unter den Wesen in Jambudvīpa zwei verschiedene Sichtweisen [verbreitet]: Die einen glaubten an das Mahāyāna, die anderen [hingegen] lehnten es ab.

Dann stieg Jalavāhana, der Kaufmannssohn, mit beiden Beinen bis zu den Knien [in das Wasser] des Teiches und sprach feierlich: „Ich verneige mich vor dem Erhabenen Ratnaśikhin, dem Tathāgata, dem Arhat, dem Samyaksaṃbuddha. Als in früheren Zeiten der Tathāgata Ratnaśikhin die Übungen eines Bodhisattva[129] praktizierte, da sprach er das folgende Wunschgebet: ‚Jegliches Wesen, das in den zehn Himmelsrichtungen im Moment seines Todes meinen Namen vernimmt, wird von dort hinübergehen und mit demselben glücklichen Los unter den Dreiunddreißig Göttern geboren werden.‘“

Alsdann legte Jalavāhana, der Kaufmannssohn, jenen, die im Tierreich geboren waren, den folgenden Dharma dar: „Weil es dieses gibt, entsteht jenes. Weil dieses entstanden ist, ist jenes entstanden. Durch den Umstand der Unwissenheit entsteht die gestaltende Tat. Durch den Umstand der gestaltenden Tat entsteht Bewusstsein. Durch den Umstand des Bewusstseins entstehen Name und Form. Durch den Umstand von Name und Form entstehen die sechs Sinnesquellen. Durch den Umstand der sechs Sinnesquellen entsteht Kontakt. Durch den Umstand des Kontaktes entstehen Empfindungen. Durch den Umstand der Empfindungen entsteht Verlangen. Durch den Umstand des Verlangens entsteht Ergreifen. Durch den Umstand des Ergreifens entsteht Existenz. Durch den Umstand der Existenz entsteht

Geburt. Durch den Umstand der Geburt entstehen Altern und Tod, Kummer, Wehklagen, Jammer, Verzweiflung und Not. Solcherart ist das Entstehen dieser großen Masse von lauter Leiden.

Nun, aus der Beendigung der Unwissenheit folgt die Beendigung der gestaltenden Tat. Aus der Beendigung der gestaltenden Tat folgt die Beendigung von Bewusstsein[130], aus der Beendigung von Bewusstsein folgt die Beendigung von Name und Form, aus der Beendigung von Name und Form folgt die Beendigung der sechs Sinnesquellen, aus der Beendigung der sechs Sinnesquellen folgt die Beendigung von Kontakt, aus der Beendigung von Kontakt folgt die Beendigung von Empfindung, aus der Beendigung von Empfindung folgt die Beendigung von Verlangen, aus der Beendigung von Verlangen folgt die Beendigung von Ergreifen, aus der Beendigung von Ergreifen folgt die Beendigung von Existenz[131] aus der Beendigung von Existenz folgt die Beendigung von Geburt, aus der Beendigung von Geburt folgt die Beendigung von Altern, Tod, Kummer, Wehklagen, Jammer, Verzweiflung und Not. Solcherart kommt es zur Beendigung dieser ganzen großen Masse von lauter Leiden.“ Edle Göttin, nachdem Jalavāhana, der Kaufmannssohn, jenen, die im Tierreich geboren waren, damals, in jenem Augenblick, diese Rede über den Dharma gehalten hatte, da kehrte er mit seinen Söhnen Jalāmbara und Jalagarbha nach Hause zurück.

Bei einer anderen Gelegenheit, nach einer großen Festlichkeit, lag Jalavāhana, der Kaufmannssohn, dann einmal vom Wein berauscht auf seinem Bett. Zu dieser Zeit, in diesem Augenblick, erschien ein wunderbares Zeichen. Zum Ende der Nacht waren zur gleichen Zeit all jene zehntausend Fische gestorben, und nachdem sie gestorben waren, wurden sie gemeinsam unter den Dreiunddreißig Göttern wiedergeboren. Und kaum dass sie wiedergeboren waren, da machten sie sich folgende Gedanken: ‚Aufgrund welcher guten Tat wurden wir wohl hier unter den Dreiunddreißig Göttern wiedergeboren?' Und sie dachten also: ‚Vormals waren wir zehntausend Fische in Jambudvīpa. Als wir Tiere waren, sättigte uns Jalavāhana, der Kaufmannssohn, reichlich mit Wasser und köstlicher Speise. Und er lehrte uns den tiefgründigen Dharma vom Abhängigen Entstehen und ließ uns den Namen des Tathāgata Ratnaśikhin, des Arhat, des Samyaksaṃbuddha hören. Aufgrund dieser Ursache, aufgrund dieses Umstandes wurden wir hier unter den Göttern wiedergeboren. Darum wollen wir uns nun zu Jalavāhana, dem Kaufmannssohn, begeben, und wenn wir dort angekommen sind, wollen wir ihm unsere Verehrung erweisen.'

Daraufhin verschwanden jene zehntausend Göttersöhne aus der Mitte der Dreiunddreißig Götter und begaben sich zum Hause des Kaufmannssohns Jalavāhana. Jalavāhana, der Kaufmannssohn, lag in diesem Augenblick auf seinem Bett [und schlief]. Da legten die Söhne der Götter geschwind zehntausend Perlenketten am Kopfende des Bettes neben seinem Kopf nieder. Und zehntausend Perlenketten legten sie ihm zu Füßen. Zehntausend Perlenketten legten sie zu seiner rechten Seite nieder und weitere zehntausend Perlenketten zu seiner linken. Sie ließen einen großen Schauer von himmlischen Māndārava-Blumen und Mahāmāndārava-Blumen herabregnen, bis der Boden knietief damit bedeckt war. Und sie ließen himmlische Musikinstrumente erklingen, so dass alle Menschen in Jambudvīpa erwachten. Und auch Jalavāhana, der Kaufmannssohn, erwachte.

Daraufhin erhoben sich die zehntausend Söhne der Götter in die Lüfte. Sie ließen einen Regen von Māndārava-Blumen im Land von König Sureśvaraprabha und an anderen Orten herabregnen. Und sie kamen auch zu dem Teich Aṭavīsaṃbhavā. Nachdem sie über dem großen Teich Aṭavīsaṃbhavā einen großen Regen von Māndārava-Blumen hatten herabregnen lassen, verschwanden sie von dort und kehrten zurück in ihre Gefilde bei den Göttern. Dort genossen sie die fünf Objekte der Sinnesfreude[132], entzückten sich daran und lebten in Glück und Herrlichkeit.

Als in Jambudvīpa der Tag anbrach, erkundigte sich König Sureśvaraprabha, der die Zeichen gesehen hatte, die [in der Nacht] erschienen waren, bei seinen Astrologen und hohen Ministern: „Warum sind vergangene Nacht diese Zeichen erschienen?“ Und sie sagten: „Möge es eurer Majestät gefallen zu wissen, dass im Hause von Jalavāhana, dem Kaufmannssohn, vierzigtausend Perlenketten hernieder geregnet und himmlische Schauer von Māndārava-Blumen herab gefallen sind.“

Da sprach der König zu den Ministern: „Meine Herren, geht und bittet Jalavāhana, den Kaufmannssohn, mit höflichen Worten hierher.“ Da gingen die Astrologen und hohen Minister zu Jalavāhanas Haus. Dort angekommen sprachen sie zu Jalavāhana, dem Kaufmannssohn: „König Sureśvaraprabha bittet dich zu sich.“

Da machte sich Jalavāhana, der Kaufmannssohn, in Begleitung der hohen Beamten auf zu König Sureśvaraprabha. Der König fragte: „Junger Jalavāhana, weißt du, was diese

Zeichen zu bedeuten haben, die in der vergangenen Nacht zu sehen waren?“ Da antwortete Jalavāhana, der Kaufmannssohn, König Sureśvaraprabha: „Ich will es euch sagen, Majestät. Gewiss geschah es zu der Zeit, zu der die zehntausend Fische gestorben sind.“ Der König sagte: „Woher weißt du das?“ Jalavāhana sagte: „Lasst Jalāmbara zu dem Teich gehen, eure Majestät, und nachsehen, ob die zehntausend Fische am Leben oder gestorben sind.“ Und der König sprach: „So sei es.“

Da sprach Jalavāhana, der Kaufmannssohn, zu seinem Sohn Jalāmbara: „Gehe, Sohn, zu dem Teich Aṭavīsaṃbhavā, und sieh nach, ob jene zehntausend Fische am Leben oder gestorben sind.“ Daraufhin eilte Jalāmbara, sein Sohn, zu dem Teich Aṭavīsaṃbhavā, und als er in dessen Nähe kam, sah er, dass die zehntausend Fische gestorben waren. Und er sah auch, dass ein großer Schauer von Māndārava-Blumen herabgekommen war. Da kehrte er um und berichtete seinem Vater: „Sie sind gestorben.“ Sobald er diese Worte von seinem Sohn Jalāmbara vernommen hatte, ging Jalavāhana, der Kaufmannssohn, zu König Sureśvaraprabha und erstattete dem König ausführlich Bericht: „Möge es eurer Majestät gefallen zu wissen, dass für die zehntausend Fische die Zeit des Todes gekommen war, und dass sie unter den Dreiunddreißig Göttern wiedergeboren wurden. Aufgrund ihrer und meiner Kraft waren vergangene Nacht solche Glück verheißenden Zeichen zu sehen und regneten in unserem Hause vierzigtausend Perlenketten und Schauer von himmlischen Māndārava-Blumen herab.“ Da war der König hocherfreut und zufrieden und voll des Lobes.

Da aber sprach der Erhabene zur edlen Göttin Bodhisattvasamuccayā: „Wenn du denkst, edle Göttin, dass der König mit Namen Sureśvaraprabha zu jener Zeit, zu jenem Zeitpunkt ein anderer war, so denke nicht so. Warum? Daṇḍapāṇi, der Śākya, war zu jener Zeit, zu jenem Zeitpunkt, der König mit Namen Sureśvaraprabha. Wenn du denkst, edle Göttin, dass Jaṭiṃdhara, der Kaufmann, zu jener Zeit, zu jenem Zeitpunkt ein anderer war, so denke nicht so. Warum? König Śuddhodana war zu jener Zeit, zu jenem Zeitpunkt, der Händler mit Namen Jaṭiṃdhara. Wenn du denkst, edle Göttin, dass Jalavāhana, der Kaufmannssohn, zu jener Zeit, zu jenem Zeitpunkt ein anderer war, so denke nicht so. Warum? Ich war zu jener Zeit, zu jenem Zeitpunkt, Jalavāhana, der Kaufmannssohn. Wenn du denkst, edle Göttin, dass seine Gemahlin mit Namen Jalāmbugarbhā zu jener Zeit, zu jenem Zeitpunkt eine andere war, so denke nicht so. Warum? Gopā, die Śākya-Tochter, war zu jener Zeit, zu jenem Zeitpunkt, die Gemahlin von Jalavāhana, dem Kaufmannssohn, mit Namen Jalāmbugarbhā. Rāhula war zu jener Zeit, zu jenem Zeitpunkt, der Sohn Jalāmbara. Ānanda war zu jener Zeit, zu jenem Zeitpunkt, sein Sohn Jalagarbha. Wenn du denkst, edle Göttin, dass die zehntausend Fische zu jener Zeit, zu jenem Zeitpunkt andere waren, so denke nicht so. Warum? Jene zehntausend Göttersöhne, beginnend mit Jvalanāntaratejorāja, waren zu jener Zeit, zu jenem Zeitpunkt, die zehntausend Fische, die ich mit Wasser und mit köstlicher Speise gesättigt habe, denen ich den tiefgründigen Dharma vom Abhängigen Entstehen dargelegt und den Namen des Tathāgata Ratnaśikhin, des Arhat, des Samyaksaṃbuddha, zu Gehör gebracht habe.

Aufgrund jener guten Tat sind sie hier zu mir gekommen,

und daher haben sie nun die Prophezeiung für höchste und vollkommene Erleuchtung erhalten. Weil sie den Dharma mit großer Freude, mit reinem Vertrauen, Entzücken und Ehrfurcht gehört haben, haben sie alle die Prophezeiung [der höchsten Erleuchtung und] ihres Namens erhalten. Wenn du denkst, edle Göttin, dass die Baumgöttin zu jener Zeit, zu jenem Zeitpunkt eine andere war, so denke nicht so. Warum? Du, edle Göttin, warst zu jener Zeit, zu jenem Zeitpunkt die Baumgöttin. Auf diese Weise, edle Göttin, habe ich, während ich noch im Rad der Existenzen kreiste, viele Wesen für die Erleuchtung zur Reife gebracht, und du sollst wissen, dass alle diese Wesen die Stufe der Prophezeiung höchster und vollkommener Erleuchtung erlangen werden."

[So endet] das siebzehnte Kapitel, „Eine frühere Begebenheit, ‚wie Jalavāhana die Fische zähmte'", im vortrefflichen Suvarṇabhāsa, dem mächtigen König der Sūtras.

18. Kapitel

Die Hingabe des Körpers an die Tigerin

Darüber hinaus, edle Göttin, gab der Bodhisattva zum Wohle anderer auch seinen Körper hin. Und so begab es sich:

Einstmals wanderte der Erhabene, Lichtstrahlen Hunderter verschiedener makelloser, umfangreicher erlesener Tugenden über die Erde und die himmlischen Gefilde breitend, mit seiner Erkenntnis ungehinderter erhabener Weisheit und alle Gegner mit seiner Kraft überstrahlend, in Begleitung von tausend Mönchen hierhin und dorthin im Gebiet der Pāñcālas. Als er so wanderte, kam er zu einem Wald. Dort sah er eine Wiese von frischem, weichem, dunkelgrünem Gras, die von den köstlichen Düften einer großen Blumenvielfalt erfüllt war. Als er das gesehen hatte, sagte der Erhabene zum Ehrwürdigen Ānanda: „Dieses Fleckchen Erde ist schön, Ānanda, und es hat die Zeichen eines Ortes für eine Predigt. Richte jetzt den Sitz des Tathāgata her.“ Und Ānanda richtete den Sitz her, wie der Erhabene ihn geheißen hatte, und als er ihn bereitet hatte, sagte er:

„Der Sitz ist bereit, höchster, erhabenster Überwinder,
Heiliger, der du den Menschen das allerhöchste [Gut]
spendest,
der du von den Fesseln der Existenz befreist.
So nimm denn Platz, und mögest du
zur Heilung der Menschen
den vorzüglichen Nektar deiner Rede gewähren."

Nachdem der Erhabene auf dem Sitz Platz genommen hatte, sprach er zu den Mönchen: „Wollt ihr, Mönche, nun die Gebeine des Bodhisattva sehen, der eine schwierige Tat vollbracht hat?" Als er das gesagt hatte, sprachen die Mönche also zum Erhabenen:

„Der rechte Augenblick ist gekommen,
die Gebeine des Heiligen zu sehen,
Essenz[133] eines erhabenen Wesens
mit großer Geduld und Tatkraft,
der sich des Friedens und der Disziplin erfreut,
mit unermesslicher Intelligenz und Bewusstheit[134],
ein Ort unermesslicher Vorzüge,
erkläre uns das gut."

Alsdann schlug der Erhabene den Erdboden mit seiner Handfläche, die so weich war wie eine frisch erblühte Lotusblume[135] und die von einem Rad mit tausend Speichen gezeichnet[136] war. Kaum hatte er die Erde geschlagen, da bewegte sie sich in sechsfacher Weise, und es erhob sich aus ihr ein Stūpa aus Juwelen, Gold und Silber.

Und der Erhabene sprach zum Ehrwürdigen Ānanda: „Öffne diesen Stūpa, Ānanda." Und der Ehrwürdige Ānanda öffnete den Stūpa, wie der Erhabene ihn geheißen hatte, und eine goldene Schatulle kam zum Vorschein, die ganz mit goldgefassten Edelsteinen und Perlen besetzt war. Bei deren Anblick sprach er zum Bhagavan: „Erhabener, da ist ein goldenes Kästchen." Der Erhabene aber sprach: „Es sind sieben Kästchen. Öffne sie alle." So öffnete er sie alle und sah Knochen darin, weiß wie Schnee oder Nachtlilien. Bei deren Anblick sprach er zum Erhabenen: „Erhabener, es sind Knochen darin." Der Bhagavan aber sagte: „Ānanda, bring die Gebeine des großen Wesens hierher." Da nahm der ehrwürdige Ānanda die Reliquien und brachte sie dem Bhagavan Buddha. Und der Bhagavan nahm die Reliquien in die Hand, hielt sie vor die Mönche hin und sprach:

> „Dies sind die Gebeine eines berühmten, vortrefflichen Heiligen
> mit einer Ansammlung höchster Qualitäten und großer Intelligenz,
> mit großem Eifer in Disziplin, Konzentration und Geduld,
> der immerzu mit klugem Sinn für die Erleuchtung handelte,
> mit Eifer, unerschütterlichem Wunsch und Verstand,
> der sich mit Freuden immerdar in Freigebigkeit [übte]."

Dann sagte der Erhabene zu den Mönchen: „Bringt, ihr Mönche, den Reliquien des Bodhisattva Verehrung dar, die durchdrungen sind von ethischer Disziplin und vorzüglichen Qualitäten, die Verdienstfelder geworden sind, wie man sie nur äußerst schwer zu Gesicht bekommt." Und die Mönche brachten mit aneinander gelegten Händen und mit gesammeltem Geist den Gebeinen ihre Verehrung dar.

Da sprach der ehrwürdige Ānanda mit aneinander gelegten Händen zum Erhabenen: „Wenn der Bhagavan, der Tathāgata, sich über die Welt erhoben hat und daher von allen Wesen verehrt wird, wie kommt es da, dass der Tathāgata selbst nun diese Gebeine verehrt?"

Da sprach der Bhagavan zum Ehrwürdigen Ānanda: „Es ist aufgrund dieser Gebeine, Ānanda, dass ich so schnell zum vollendeten Buddha in unübertroffener und vollkommener Erleuchtung geworden bin. Einstmals, Ānanda, in vergangener Zeit, da gab es einen König mit Namen Mahāratha, der zahllose Wagen und Kräfte sein Eigen nannte, der mit ungehinderter Kraft alle Gegner überstrahlte. Derselbe hatte drei Söhne, jungen Göttern gleich: Mahāpraṇāda, Mahādeva und Mahāsattva. Da begab es sich einmal, dass der König zu einem Ort im Wald auszog, um sich zu vergnügen. Von den Herrlichkeiten des Haines angezogen, streiften die Prinzen auf der Suche nach Blumen umher. Während sie so umherstreiften, blieben die Diener der Prinzen, von den Prinzen fortgeschickt, alleine zurück. Und diese betraten den Dvādaśavanagulma im großen, geschützten Park.

Da sprach Mahāpraṇāda zu seinen beiden Brüdern: ‚Furcht bedrängt mein Herz. Kommt, damit wir hier nicht durch wilde Tiere getötet werden.' Mahādeva sagte: ‚Davor habe ich keine Furcht. Alles, was ich fürchte, ist die Trennung von geliebten Wesen. Dieser Gedanke beherrscht mein Herz.' Mahāsattva aber sprach:

,In diesem einsamen Wald, der von den Munis gerühmt
wird,
empfinde ich keine Sorge und keine Furcht.
Ich glaube, dass ich ein großes, weit reichendes, erhabenes Ziel erlangen[137] werde,
und darob ist mein Herz von tiefer Freude erfüllt.'

Als die Prinzen so inmitten des Dvādaśavanagulma umherwanderten, da sahen sie eine Tigerin, die von fünf Tigerjungen umringt war, die sie vor sieben Tagen geboren hatte. Sie war geplagt von Hunger und Durst, und ihr Körper war ausgemergelt und kraftlos. Und bei ihrem Anblick sagte Mahāpraṇāda: ,Weh, die Unglückliche muss vor sechs oder sieben Tagen geboren haben. Wenn sie nicht alsbald Nahrung findet, wird sie ihre eigenen Jungen verschlingen oder Hungers sterben.'

Mahāsattva sagte: ,Was könnte der Ärmsten wohl als Nahrung dienen?' Mahāpraṇāda sagte: ,Frisches Fleisch und warmes Blut sind die Nahrung von Tigern, Bären und Löwen.' Mahādeva sagte: ,Dieses Geschöpf hier hat einen Körper, der von Hunger und Durst gepeinigt ist. Sie ist völlig entkräftet, und es bleibt ihr nicht mehr viel zu leben. In solch einer Lage kann sie ganz gewiss nicht nach Futter suchen. Wer würde sich wohl selbst opfern, um ihr Leben zu retten?'

Mahāpraṇāda sagte: ,Weh, den eigenen Körper opfern ist schwer.'

Mahāsattva aber sagte: ,Diesen Weg zu beschreiten ist wohl schwer für kleinmütige Menschen wie uns, die so fest an Leben und Körper hängen. Für andere aber, für heilige Wesen, die ihr Leben für andere hingeben, die sich stets bemühen, anderen zu nützen, ist es nicht schwer.‘ Und außerdem:

> ‚Edle Wesen, die aus Liebe und Mitgefühl hervorgehen,
> wollen Körper hier auf Erden und in den Götterreichen finden,
> und so arbeiten sie frohgemut hier für das Leben anderer,
> ohne zu wanken, mit hundertfältiger Liebe.‘

Und die Prinzen waren zutiefst bekümmert. Ohne ihren Blick abzuwenden, betrachteten sie die Tigerin für eine geraume Weile, dann gingen sie von dannen. Da aber dachte Mahāsattva: ‚Die Zeit ist gekommen, dass ich diesen Körper hingebe. Aus welchem Grund?

> Dieser faulige Körper ist lange Zeit mit Speise und Trank,
> mit großen, bequemen Betten und Fahrzeugen versorgt worden.
> Ein vergängliches Phänomen, dem Verfall unterworfen,
> zersetzt er sich zuletzt und wird ein übles Ende nehmen.
> Ist es nicht auch früher schon seine Bestimmung gewesen,
> seine eigene Natur aufzugeben?

Außerdem ist er völlig unrein, und es kann nichts aus ihm gewonnen werden. Für eine gute Tat will ich ihn daher nun verwenden. So wird er ein Boot für mich werden, um den Ozean von Geburt und Tod zu überqueren.

Ferner hat dieser Körper keine Essenz, denn wie Schaum ist er. Mit Hunderten von Kreaturen ist er voll, durch deren Werk er Abfall werden wird. Indem ich nun diesen Körper opfere, der wie eine Frucht mit Hunderten von Existenzen beladen und mit Exkrementen und Urin vollgestopft ist, werde ich den makellosen Dharmakörper (Dharmakāya) erlangen, der frei ist von Kummer, unvergänglich, ohne Aggregate, ohne Makel, vollkommen erfüllt von allen Qualitäten, wie etwa der Konzentration und dergleichen mehr.‘

Nachdem er sich so entschlossen hatte, sein Herz erfüllt von höchstem Mitgefühl, trennte er sich von seinen Brüdern: ‚Ich bitte, euch, ihr beiden, geht! Ich will den Dvādaśavanagulma in meiner eigenen Angelegenheit betreten.‘

Daraufhin kehrte Prinz Mahāsattva von jenem Teil des Waldes zum Aufenthaltsort der Tigerin zurück, legte seine Kleider über einen Ast und sprach das folgende Wunschgebet:

‚Zum Wohle der wandernden Wesen will ich
den Frieden unvergleichlicher Erleuchtung erlangen.
Mit einem Geist unerschütterlichen Erbarmens
gebe ich meinen Körper hin, der für andere so schwer
aufzugeben ist.

Möge ich rasch die Erleuchtung erlangen,
die frei ist von Fehlern, die frei ist von Mühsal,
die von den Kindern des Buddha angestrebt wird.
Ich werde die ganze dreifache Welt aus den Schrecken
des Meeres der Existenz befreien.‘

Dann legte Mahāsattva sich vor der Tigerin auf dem Boden nieder. Die Tigerin aber tat dem barmherzigen Bodhisattva nichts. Da dachte der Bodhisattva bei sich: ‚Weh, sie ist zu schwach.‘ Und er stand auf und sah sich nach einem Messer um. [Doch] der Mitleidige fand nirgendwo ein Messer. Da ergriff er einen hundertjährigen harten Bambusstock, und indem er sich damit die Kehle aufschnitt, fiel er vor der Tigerin nieder. Im selben Augenblick, in dem der Bodhisattva zu Boden fiel, erbebte die Erde in sechsfacher Weise wie ein Schiff, das vom Sturm auf dem Meer umhergeworfen wird. Die Sonne verlor ihren Glanz, als wäre sie von Rāhu verfinstert. Ein Regen von Blumen und Pudern, mit göttlichem Räucherwerk vermischt, fiel nieder. Und eine Göttin pries den Bodhisattva voller Bewunderung:

‚Da dein Erbarmen, Edelmütiger,
solcherart alle Wesen einschließt,
da du, Mächtiger unter den Menschen,
freudig deinen Körper hingibst,

so wirst du in nicht allzu ferner Zeit
und ohne große Mühe reinen Frieden finden,
die erhabenste Stätte des Friedens,
die frei ist von Geburt und Tod.‘

Da leckte die Tigerin das Blut, das den Körper des Bodhisattva bedeckte, und im Nu verschlang sie Fleisch und Blut und ließ nur die Knochen übrig. Mahāpraṇāda aber sprach, als er das Erdbeben bemerkte, zu Mahādeva:

‚Da diese Erde mit ihren Meeren bis hin zum großen Ozean
in den zehn Richtungen erbebte,

da die Sonne ihren Schein verloren hat und ein Blumen-
regen fiel,
so ist mein Herz in Sorge, dass mein Bruder nun seinen
Körper aufgegeben hat.‘

Und Mahādeva sagte:

‚Und da er mit erbarmungsvoller Stimme sprach,
als er die Tigerin sah, die ausgehungert war,
die verzehrt war von Hunderten von Qualen,
die ganz entkräftet war und im Begriffe,
ihre eigenen Jungen zu verschlingen,
so bin auch ich nun in Sorge.‘

Ganz bekümmert und mit Tränen in den Augen eilten die beiden jungen Prinzen denselben Weg zurück. Und sie kamen in die Nähe der Tigerin. Da sahen sie all seine Kleider, die auf dem Bambuszweig abgelegt waren. Seine Knochen waren zerfetzt und zerrissen, überall war geronnenes Blut, und seine Haare lagen in allen Richtungen verstreut. Als sie das sahen, schwanden ihnen die Sinne, und sie sanken zu Boden auf seine Knochen nieder. Als sie nach langer Zeit das Bewusstsein wiedererlangten, erhoben sie sich und mit erhobenen Armen brachen sie in verzweifelte Wehklagen aus:

‚Weh, der geliebte Bruder! Und weh, der König
und auch seine Mutter, die ihren Sohn so sehr liebt!
So wird die Mutter uns nach dem Jüngsten fragen:
»Wo ist er, dessen Augen lang wie Lotusblätter sind?«

Weh Mutter, besser für uns beide als das Leben
wäre es, an diesem Ort den Tod zu finden!
Wie werden Mutter und Vater uns noch ernähren wollen,
nun da Mahāsattva nicht mehr ist?'

Daraufhin machten die beiden Prinzen sich auf den Weg, bitterlich weinend und wehklagend. Und die Diener des Prinzen, die währenddessen auf der Suche nach dem Prinzen in alle Himmelsrichtungen eilten, fragten einander, wenn sie sich trafen: ‚Was ist mit dem Prinzen? Was ist nur mit dem Prinzen?'

In diesem Augenblick lag die Königin schlafend auf ihrem Bett und es träumte ihr, dass sie von jemandem, den sie sehr liebte, getrennt würde: Sie sah, wie ihr beide Brüste abgeschnitten und die Zähne ausgerissen wurden und wie eines von drei ängstlichen Taubenjungen, die sie gefunden hatte, von einem Falken gepackt wurde. Als die Erde erbebte, ergriff Schrecken das Herz der Königin. Davon erwachte sie und sie begann zu sinnieren:

‚Warum nur erbebt die Erde so heftig,
deren Kleider die Weltmeere sind?
Die Sonne ist ihres Glanzes beraubt,
als wenn sie den Kummer in meinem Herzen zeigen
wollte.

Mein Körper ist schwach, mein Auge zuckt,
und mir träumte, die Brüste würden mir abgeschnitten.
Ach, möge doch das Gute mit meinen Söhnen sein,
die zum Vergnügen nach jenem Walde ausgezogen sind!'

Kaum hatte sie das gedacht, trat eine Dienerin ein, das Herz in großem Aufruhr, und berichtete der Königin: ‚Herrin, die Begleiter des Prinzen sind auf der Suche nach dem Prinzen. Man sagt, dass euer geliebter Sohn verschwunden sei.‘ Als sie die Nachricht vernommen hatte, füllten Tränen die Augen der Königin und mit Tränen im Gesicht eilte sie bebenden Herzens zum König und sprach: ‚Majestät, man hört, dass mein geliebter Sohn verschwunden sei!‘

Da geriet auch das Herz des Königs in Aufruhr und bebend rief er aus: ‚Weh mir, ich sehe, dass ich von meinem geliebten Sohn getrennt bin!‘ Sodann aber beruhigte der König seine Königin: ‚Verzweifle nicht, gute Königin, wir werden mit aller Kraft nach dem Prinzen suchen.‘

Viele Menschen machten sich in Grüppchen auf, um den Prinzen zu suchen. Und es war noch nicht viel Zeit vergangen, da sah der König aus der Ferne die beiden jungen Prinzen herannahen. Als er sie sah, rief er jedoch voll Schmerz: ‚Die Prinzen kommen, aber es sind nicht alle. Weh mir! Ich sehe, dass ich meinen Sohn verloren habe!

> Die Freude, einen Sohn zu bekommen, ist für Menschen
> nicht so groß wie das Unglück, ihn zu verlieren.
> Glücklich fürwahr sind jene in der Welt, die ohne Söhne sind,
> oder die der Tod ereilt, solange ihre Kinder noch leben.‘

Da ließ die Königin, von tiefster Trauer überwältigt, wie eine Kamelstute, die an den empfindlichsten Stellen getroffen wird, einen herzzerreißenden Klagelaut vernehmen:

‚Wenn mein braver jüngster Sohn nun nicht kommt,
nachdem meine drei Kinder mit ihrer Dienerschar
den Wald voller Blumen betreten hatten;
was ist mit dem Jüngsten [geschehen], der wie mein
eigenes Herz ist?'

Sobald die beiden herbeigekommen waren, fragte der König die beiden Prinzen: ‚Was ist mit dem Jüngsten von euch?' So befragte er die beiden Prinzen. Und die beiden standen schweigend, elend vor Kummer, die Augen voller Tränen, mit trockenem Gaumen, Lippen, Zähnen und Mund. Die Königin aber sprach:

‚Wo ist mein geliebter jüngster Sohn?
Sprecht schnell, mir schwinden die Sinne,
mein Leib leidet unerträgliche Pein,
und mein Herz will in Stücke zerspringen.'

Da berichteten die beiden Prinzen genau, was sich zugetragen hatte. Als der König und die Königin es gehört hatten, verloren sie die Besinnung. Als sie wieder zu sich gekommen waren, machten sie sich bitterlich weinend zu der besagten Stelle auf. Als der König und die Königin die Knochen ohne Blut, Fleisch und Sehnen und sein Haar überall in allen Richtungen verstreut sahen, da stürzten sie zu Boden wie Bäume, die der Wind umgeworfen hat. Der Priester und die Minister, als sie sahen, was geschehen war, kühlten die Körper von König und Königin mit einer Mischung aus Wasser und Malaya-Sandelholz. Als der König nach geraumer Zeit das Bewusstsein wieder erlangte, stand er auf und rief schmerzerfüllt:

‚Weh mir, geliebter Sohn, dessen Anblick mein Herz mit
Freude erfüllte,
warum bist du der Macht des Todesherrn nur so bald
verfallen?
Warum ist nur der Herr des Todes nicht zuerst zu mir
gekommen?
Kein Schmerz wird jemals größer sein für mich als dieser.‘

Und als die Königin ihre Sinne wiedererlangt hatte, da raufte sie sich ihr Haar, schlug sich mit den Händen an die Brust, wand sich auf dem Boden wie ein Fisch auf dem Trockenen, wie eine Büffelkuh, die ihr Kalb, wie eine Kamelstute, die ihr Junges verloren hat, und klagte mit herzergreifender Stimme:

‚Weh mir, mein geliebter Sohn,
wer hat diesen Lotus gebrochen und über den Erdboden
verstreut,
wer ist mein Feind auf Erden, der heute meinen Sohn
gemordet hat,
dessen Augen mein Herz entzückten, dessen Antlitz dem
Monde glich?

Weh mir! Warum vergeht mein Körper nicht,
nun, da ich meinen lieben Sohn tot auf der Erde sehe?
Da es in diesem Schmerz nun nicht zerspringt,
so muss mein Herz gewiss aus Eisen sein!

Heute hat man mir in meinem Traume mit einem
Schwert

die Brüste abgetrennt und mir die Zähne ausgerissen,
und heute ist mit einem Male mein geliebter Sohn
vergangen;
just so wie eine der drei jungen Tauben, die ich gefunden
hatte,
von einem Falken mir entrissen wurde,
so hat der Herr des Todes einen von drei Söhnen,
die mich umgaben, heute mit sich fortgerissen.
Weh mir! Mein böser Traum hat sich erfüllt!'

Da weinten König und Königin und klagten mit jammervoller[138] Stimme. Und sie legten all ihren Schmuck ab und erwiesen den Überresten ihres Sohnes die Ehre, zusammen mit einer großen Versammlung von Menschen, und sie bestatteten die Überreste des Prinzen an diesem Ort.

Wenn du denkst, Ānanda, dass der, den man zu jener Zeit, in jenem Augenblick den königlichen Prinzen Mahāsattva nannte, ein anderer war, so denke nicht so. Warum? Ich selbst war der, den man zu jener Zeit, in jenem Augenblick den königlichen Prinz Mahāsattva nannte. Selbst damals, Ānanda, als ich noch nicht völlig frei war von Begierde, Hass und Unwissenheit, habe ich allen wandernden Wesen, Höllenwesen und anderen, aus ihrem Leid geholfen, um wie viel mehr noch würde ich jetzt, da ich von allen Fehlern frei bin und vollkommene Erleuchtung erlangt habe, zweifellos mit Freuden für jedes einzelne Wesen Weltzeitalter in den Höllen verbringen und es so vom Kreislauf der Geburten befreien. [Ich], die Essenz aller Wesen, habe allen wandernden Lebewesen mit zahllosen verschiedenen, äußerst schwierigen Taten geholfen." Daraufhin sprach der Erhabene die folgenden Verse:

„Als ich noch nach höchster Erleuchtung strebte,
habe ich viele Äonen lang meinen Körper hingegeben.
So wie ich König oder Prinz wurde,
just so habe ich meine Körper hingegeben.

Wenn ich mich früherer Geburten entsinne,
da gab es einen König mit Namen Mahāratha,
der einen außergewöhnlich freigebigen Sohn hatte,
den man den vortrefflichen Mahāsattva nannte.

Und Mahāsattva hatte zwei ältere Brüder,
Mahādeva und Mahāpraṇāda mit Namen.
Einst gingen die Brüder gemeinsam in einen dichten Wald,
und sie sahen eine Tigerin, die von Hunger geplagt war.

Und Erbarmen ergriff jenes große Wesen:
‚Diese Tigerin, die geplagt ist von Hunger und Durst,
wird ihre eigenen Jungen verschlingen;
aus diesem Grunde will ich nun meinen eigenen Körper
opfern.‘

Und Mahāsattva, der Sohn von Mahāratha,
sah die hungrige Tigerin und aus Mitgefühl
sprang er den Abhang hinunter,
um die Tigerjungen zu retten.

Und die Erde mit ihren Bergen erbebte,
verschiedene Vogelschwärme flogen auf,
eine Herde von Rehen scheute,
und Dunkelheit legte sich über die Welt.

Seine beiden älteren Brüder,
Mahāpraṇāda und Mahādeva,
suchten in dem großen Wald nach Mahāsattva,
doch sie konnten ihren Bruder nicht finden.

Die Herzen von tiefem Kummer und Sorge erfüllt,
streiften sie wie von Sinnen im Wald umher,
ihre Gesichter tränenüberströmt,
um ihren Bruder zu suchen.

Als die beiden jungen Königssöhne,
Mahāpraṇāda und Mahādeva,
an den Ort kamen, wo die schwache Tigerin lag,
da sahen sie Blut an den Lippen der Tigerin und ihrer Jungen.

Auf dem Boden sahen sie
Haar und ein paar Knochen verstreut
und einige Blutstropfen,
die auf die Erde gefallen waren.

Als die beiden Königssöhne
die blutbefleckte Erde sahen,
schwanden ihnen die Sinne.
Besinnungslos, fassungslos sanken sie zu Boden,
und ihre Körper wurden von Staub bedeckt.

Auch ihre Begleiter weinten.
Von Kummer überwältigt, kläglich,
besprengten sie die Prinzen mit Wasser,
und weinend standen sie mit erhobenen Armen dort.

In dem Moment, als der Bodhisattva zu Boden stürzte,
hielt die Königin, die Mutter,
die den Vortrefflichen geboren hatte,
sich gerade mit fünfhundert weiteren Frauen
heiteren Sinnes im Inneren des Palastes auf.

Da quoll mit einem Male blutige Milch
aus ihren beiden Brüsten und tropfte
auf ihren Körper herab, und ihr Leib brannte
über und über wie mit Nadeln zerstochen.

Tiefe Sorge erfüllte ihr Herz,
und in ihrer großen Sorge, den Sohn zu verlieren,
trat sie vor den König hin.
Unglücklich und bekümmert
klagte sie mit trauriger Stimme
und sagte zu König Mahāratha:

‚Mein König, Herr der Menschen, hört mich an,
mein Körper brennt vom Feuer des Grams,
aus meinen beiden Brüsten fließt blutige Milch,
mein Leib brennt wie von Nadeln zerstochen,
und mein Herz will mir zerspringen.

Mir scheint, dass ich meine geliebten Söhne
fortan nicht wiedersehen werde.
Bei meinem Leben flehe ich euch an,
habt Erbarmen und sucht nach meinen Kindern!

Heute hatte ich einen Traum;
ich hatte drei Täubchen gefunden,
und die Täubchen waren mir so lieb und bezaubernd,
und als ich sie hielt, kam ein Falke herbei
und wollte mein Taubenkind haben.

Genau wie in meinem Traum
ist Kummer in mein Herz eingezogen,
mein Sinn ist von Gram zerpflügt,
und dem Tode bin ich nah.
Um meines Lebens willen flehe ich euch an,
habt Erbarmen und sucht nach meinen Kindern!“

Als sie das gesagt hatte,
schwanden der Königin die Sinne,
sie verlor das Bewusstsein und stürzte zu Boden,
besinnungslos, ohnmächtig, der Erinnerung beraubt.

Und alle Hofdamen der Königin
weinten bitterlich,
als sie die vortreffliche Königin
besinnungslos am Boden sahen.

Der mächtige König aber,
vom Kummer über den Verlust seines Sohnes übermannt,
schickte unverzüglich seine Minister und Begleiter aus,
die jungen Prinzen zu suchen.

Und die Menschen der ganzen Stadt
kamen aus ihren Häusern hervor.

Weinend, die Gesichter tränenüberströmt,
fragten sie einander auf den Straßen nach Mahāsattva:

‚Ist er am Leben oder ist er tot?
Wo ist Mahāsattva nur geblieben?
Werden wir ihn heute wohl sehen,
den Bezaubernden, dessen Anblick jeden erfreut?'

Rasch war die schlimme Nachricht im Lande zu hören,
mit dem unerbittlichen Winde der Trauer,
der bald leise, mit unendlicher Magie,
bald heftig tosend im Lande wehte.

König Mahāratha erhob sich,
vom Kummer gebeugt, heftig weinend,
und besprengte die vortreffliche Königin,
die am Boden lag, selbst mit Wasser.

Und er besprengte sie solange mit Wasser,
bis sie ihr Bewusstsein wieder erlangte,
und bangen Herzens fragte die Königin:
‚Lebt mein Sohn oder ist er tot?'

Und König Mahāratha
sprach zur höchsten Königin:
‚Die Minister und die Gefolgschaft
sind auf der Suche nach den Prinzen.

Sei nicht zu traurig, lass nicht dein Herz
die ganze Zeit voll Sorge sein!'

So beruhigte Mahāratha
die vortreffliche Königin.

Dann verließ der König den Palast,
von Kummer gebeugt, zutiefst geknickt,
in Begleitung seiner Schar von Ministern,
niedergeschlagen und mit völlig kraftlosem Körper.

Viele Hunderte von Leuten,
die weinend und mit Tränen in den Augen umherliefen,
strömten aus der großen Stadt,
die Prinzen zu suchen.
Als sie den König hervortreten sahen,
schlossen sich alle dem König an.

Sowie König Mahāratha
aus der Stadt herauskam,
blickte er fieberhaft[139] in alle Richtungen,
um den geliebten Sohn zu sehen.

Da sah er einen Mann herankommen,
dessen Haupt kahl geschoren,
dessen Glieder von Blut verschmiert,
dessen Körper von Staub bedeckt war,
weinend, das Gesicht von Tränen nass.

Abermals erfüllte unsäglicher Kummer
das Herz von König Mahāratha;
Tränen liefen ihm über das Gesicht,
er erhob die Arme und verharrte weinend.

Da kam eiligen Schrittes
ein weiterer Minister aus der Ferne herbei,
und als er herangekommen war, sprach er
zu Mahāratha, dem mächtigen König der Menschen:
‚Herr der Menschen, gräme dich nicht,
deine vortrefflichen Söhne kommen,
in Kürze schon werden sie bei dir sein,
sie kommen, die geliebten Söhne, du wirst sehen.‘

Einen Moment lang setzte der König seinen Weg fort,
da kam ein zweiter hoher Beamter heran,
und staubbedeckt, mit schmutzigen Kleidern
sprach er unter Tränen zum König:

‚Großer König, zwei deiner Söhne leben,
doch sie vergehen im Feuer des Grams;
einer deiner vortrefflichen Söhne fehlt –
Mahāsattva wurde von der Vergänglichkeit dahingerafft.

Als er eine Tigerin sah, die vor kurzem geboren hatte,
und bereit war, ihre eigenen Jungen zu verschlingen,
da ward der junge Mahāsattva
von großem Erbarmen bewegt.

Und er sprach ein großes Gebet für die Erleuchtung:
»Ich werde alle Lebewesen befreien,
und ich werde in künftiger Zeit die tiefgründige,
große Erleuchtung erlangen, so wie ich sie ersehnt habe.«

Dann sprang Mahāsattva den Abhang hinunter.
Die Tigerin, die von Hunger überwältigt war, erhob sich.
Im Nu war das Fleisch vom Körper [gerissen],
und vom Prinzen blieb nichts als die Knochen.‘

Als er die grausamen Worte vernahm,
verlor König Mahāratha die Besinnung,
und ohne Besinnung fiel er zu Boden, bewusstlos,
vom unerträglichen Feuer des Grams verzehrt.

Seine Minister und Begleiter weinten herzzerreißend,
auch sie von Kummer überwältigt;
und sie besprengten ihn mit Wasser,
erhoben die Arme und weinten bitterlich.

Da sprach ein dritter Minister zum König:
‚Heute habe ich die beiden Prinzen
in jenem großen Wald gesehen:
Sie lagen ohnmächtig, ohne Besinnung auf dem Boden,
des Bewusstseins beraubt,
und wir besprengten sie solange mit Wasser,
bis sie das Bewusstsein wiedererlangten und aufstanden.

Fieberhaft sahen sie sich in den vier Richtungen um,
doch kaum hatten sie sich einen Moment lang erhoben,
da sanken sie erneut zu Boden.
Mit gequälter Stimme stießen sie Wehklagen aus,
und unablässig die Arme [zum Himmel] erhoben,
verharrten sie so und priesen ihren Bruder.‘

Der König aber war völlig niedergeschlagen,
überwältigt von Kummer über den Verlust seines Sohnes, tief erschüttert,
und in seinem bitteren Kummer brach er in Wehklagen aus.

Sodann aber dachte er:

‚Mahāsattva, einer meiner geliebten, teuren Söhne,
wurde von der Vergänglichkeit dahingerafft;
möge nun das Leben meiner beiden anderen Söhne
nicht verzehrt werden vom Feuer der Trauer.

Darum will ich eilends dorthin gehen,
den beglückenden Anblick meiner Söhne zu sehen,
und mit schnellem Gefährt will ich sie
zum königlichen Palast in der Hauptstadt bringen.

Das Herz der Mutter, die sie geboren hat,
könnte gar wohl zerspringen im Feuer des Grams,
wenn sie jedoch zwei ihrer Söhne sieht,
mag sie sich wohl beruhigen und dem Tode entgehen.‘

Und in Begleitung seiner Minister bestieg der König seinen Elefanten
und machte sich auf, seine Söhne zu sehen.
Da sah er seine beiden Söhne des Weges kommen,
bitterlich weinend und mit schmerzerfüllten Klagen den Namen des Bruders rufend.

Und der König nahm seine beiden Kinder
und brachte sie unter heftigem Weinen heim.
Und geschwind, in großer Eile
führte er der Königin ihre Kinder vor.

Und ich, der Tathāgata, der Sieger aus dem Geschlecht
der Śākyas,
war vormals der vortreffliche Mahāsattva,
der Sohn des Königs Mahāratha,
der die Tigerin glücklich gemacht hat.

Der vortreffliche königliche Herrscher Śuddhodana
war der König mit Namen Mahāratha,
die Königin wurde zur vortrefflichen Königin Māyā,
Mahāpraṇāda wurde zu Maitreya,
der Königssohn Mahādeva wurde zum Jugendlichen
Mañjuśrī,
die, die einst die Tigerin war, ist heute Mahāprajāpati,
und aus den Tigerjungen sind die fünf Mönche geworden.

Da weinten König und Königin und klagten herzzerreißend. Dann legten sie all ihren Schmuck ab und erwiesen den Überresten ihres Sohnes die Ehre, zusammen mit einer großen Ansammlung von Menschen. Sie bestatteten die Gebeine des Prinzen an diesem Ort und errichteten diesen Stūpa aus den sieben Arten von Edelsteinen.

Und als Mahāsattva seinen Körper der Tigerin hingab, da sprach er folgendes Wunschgebet: ‚Dadurch, dass ich diesen Körper nun hingebe, möge ich in künftigen Zeiten für eine unermessliche Zahl von Zeitaltern für Lebewesen die Buddha-Aktivitäten vollbringen.'"

Und während diese Erklärungen gegeben wurden, brachten unermesslich viele Wesen, darunter zahllose Götter und Menschen den Geist der höchsten und vollkommenen Erleuchtung hervor. Und das ist die Ursache, das ist der Umstand, dass dieser Stūpa hier offenbart wurde. Und der Stūpa verschwand durch den Segen des Buddha an derselben Stelle in der Erde.

[So endet] das achtzehnte Kapitel, „Die Hingabe des Körpers an die Tigerin", im vortrefflichen Suvarṇabhāsa, dem mächtigen König der Sūtras.

19. Kapitel

Lobpreis aller Bodhisattvas

Dann begaben sich die zahllosen Hunderttausende von Bodhisattvas zu dem Tathāgata Suvarṇaratnākaracchatrakūṭa, und als sie sich vor ihm eingefunden hatten, verneigten sie sich mit den Häuptern zu Füßen des Bhagavan Tathāgata Suvarṇaratnākaracchatrakūṭa und setzten sich seitwärts nieder. Seitwärts sitzend legten die zahllosen Hunderttausende von Bodhisattvas sodann die Handflächen aneinander und priesen den Tathāgata Suvarṇaratnākaracchatrakūṭa mit den folgenden Versen:

„Der Leib des Jina hat die Farbe von lauterem Gold,
sein Leib erstrahlt mit goldener Farbe,
mit der Farbe des Goldes, wie der goldene Herr der
Berge,
der Muni ist ein weißer Lotus mit goldener Farbe.

Mit den Hauptmerkmalen ist sein Körper versehen,
mit den Schönheitszeichen erstrahlt er schön,
wie goldenes Licht, so ist sein schönes Leuchten,
in vollkommen reinem Frieden, wie der König der Berge.

Mit Brahmas Klang, mit dem Wohlklang der Brahmastimme,
so ertönt seine Stimme wie Löwengebrüll, wie Donnerhall[140],
seine sechzigfach erklingende Stimme ist von makellosem
Klang[141],
die Stimme des Jina hat den Klang von Pfauen und der
Kalaviṅka[142].

Mit makellosem Lichtglanz vollkommen rein und schön,
so ist der Jina geschmückt mit den Zeichen Hunderter
Verdienste,
erhabenster Ozean des Wissens, makellos und lauter,
wie der Weltenberg Meru, so hat der Buddha alle höchsten Qualitäten.

Mit größter Liebe und Erbarmen [wirkt er] zum Wohle
der Wesen,
er ist der beste Spender von Glück in der Welt,
der Jina ist ein Verkünder höchster Bedeutungen[143],
der Führer zur Wonne von Nirvāṇa.

Er gewährt das Glück der Todlosigkeit,
der Jina offenbart den Nektar des Dharma,
er geleitet in die Stadt der Todlosigkeit,
er ist Quell allen Glückes, ein Ort der Glückseligkeit.

Der Buddha befreit die Wesen von Leid,
er befreit Geschöpfe aus dem Meer der Leiden,
er führt sie vollkommen auf den Pfad des Friedens,
er gewährt ihnen jegliches Glück.

Kein Beispiel kann man für dich finden,
so zahlreich sind die Tugenden des Retters,
Ozean der Weisheit, großes Erbarmen hast du für alles,
    was lebt,
die Kraft der Liebe, Methoden und Tatkraft.

Und keiner in der Welt mitsamt ihren Göttern vermag
aus dem Meer deiner Tugenden und Weisheit
auch nur einen einzigen Tropfen Tugend zu lehren,
selbst in vielen Hunderttausend Millionen Äonen.

Nur einen einzigen Tropfen Tugend aus dem Meer
    deiner Tugenden
haben wir genommen und so ein wenig zum Ausdruck
    gebracht;
durch jegliches Verdienst, das wir dadurch gesammelt
    haben,
mögen die Wesen höchste Erleuchtung erlangen."

[So endet] das neunzehnte Kapitel, „Lobpreis aller Bodhisattvas", im vortrefflichen Suvarṇabhāsa, dem mächtigen König der Sūtras.

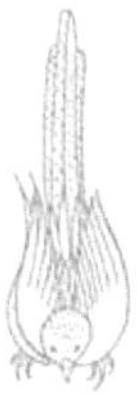

20. Kapitel

Lobpreis auf alle Tathāgatas

Da erhob sich der Bodhisattva Ruciraketu von seinem Sitz, bedeckte eine Schulter mit dem Obergewand, beugte das rechte Knie zur Erde, verneigte sich mit aneinander gelegten Handflächen in Richtung des Erhabenen und pries alsdann den Erhabenen mit den folgenden Versen:

„Muni, du hast die Zeichen Hunderter Verdienste,
in tausendfachem Glanz bist du
mit allen Vorzügen der Schönheit versehen.

Mit deiner hehren Erscheinung offenbarst du [uns]
  Frieden,
du leuchtest mit dem Lichterglanz von tausend Sonnen,
und alles erleuchtest du mit den zahllosen
flammenden Strahlen deines Lichtes,
wie Edelsteine in kunterbuntem Farbenspiel
von blauem, weißem, goldenem Licht und Beryll,
wie Kupfer oder das kristallklare Licht
bei Anbruch des neuen Tages.

Du überstrahlst Berg Meru, den Vajra-Herrn der Berge,
zahllose Millionen von Ländern tauchst du in Licht,
zur Ruhe bringst du die grausamen, heftigen Leiden,
und die Wesen labst du mit allerhöchstem Glück.

Herrlich zu schauen sind dein Antlitz und dein Leib,
und die Wesen werden nicht satt,
sich am Anblick deiner Gestalt zu erfreuen.
In der Farbe des Pfaus [erglänzt] dein schönes Haar,
glänzend wie ein Schwarm von [schwarzen] Bienen.

Geziert von den reinsten Qualitäten des Erbarmens,
von der Ansammlung höchster Verdienste, Konzentration[144] und Liebe,
von den symbolischen Zeichen[145] und vielerlei [wunderbaren] Farben,
mit allen Qualitäten der Erleuchtungsglieder [wie] Samādhi.

Du spendest Heil, und vollkommen stellst du zufrieden,
du spendest Glück und bist ein Quell der Glückseligkeit,
du bist geschmückt mit vielen tiefgründigen Tugenden,
und Millionen Länder lässt du hell erstrahlen.

Du bist schön mit deinen Strahlen von feuergleichem Licht,
wie der volle Strahlenkranz der Sonne am Himmel,
wie der Weltenberg Meru mit all seinen Tugenden
bist du in den Sphären aller Welten [immerdar] zugegen.

Wie Joghurt, weiße Lilien, Muschelschalen und der Mond,
wie die Farbe von Schnee, ebenmäßig und weiß,
so schimmert die Reihe deiner Zähne in deinem Angesicht[146],
wie Königsgänse, die am Himmel prächtig [leuchten].

Die Haarlocke in deinem friedlichen Angesicht,
deinem mondgleichen Antlitz, kräuselt sich nach rechts,
mit weißem Licht, schön wie Beryll,
und schön wie die Sonne am Himmelszelt."

[So endet] das zwanzigste Kapitel, „Lobpreis auf alle Tathāgatas", im vortrefflichen Suvarṇabhāsa, dem mächtigen König der Sūtras.

21. Kapitel

Bodhisattvasamuccayā

Sodann pries die edle Göttin Bodhisattvasamuccayā den Bhagavan mit den folgenden Versen:

„Gewissheit im vollkommenen Dharma,
Gewahrsein frei von den Pfaden schlechter Taten,
vollkommenes Wissen von Existenz und Nicht-Existenz[147],
vor dem Buddha, dessen Weisheit vollkommen ist,
verneige ich mich.

Oh, wie unermesslich ist des Buddhas Herrlichkeit!
Oh, wie er dem Meere und Berg Meru gleicht!
Oh, wie unermesslich ist die Buddha-Sphäre[148]
so schwer zu finden, wie die Blüten des Uḍumbara-Baumes[149].

Sonne unter den Herren der Menschen,
Krone des mächtigen Śākya-Geschlechtes,

der zum Wohl aller Wesen ein solch vortreffliches Sūtra
gesprochen hat,
oh wie ist der Tathāgata des Erbarmens voll!

Mit friedlichen Sinnen ist der Tathāgata Śākyamuni
in hehren Frieden, in die Stadt des Friedens, eingezogen;
in tiefem Samādhi und makellosem Frieden
verweilt der Überwinder in der Sphäre des Wirkens der
Buddhas.

Und so sind die Körper der Śrāvakas leer,
auch die Stätten der erhabensten Zweibeinigen[150] sind
leer,
all diese Phänomene sind leer von einer Eigennatur,
weil die Wesen leer sind, wird ein Selbst nicht gefunden.

Immerzu, unentwegt denke ich an den Buddha,
und immerdar sehne ich mich, den Buddha zu schauen,
und immerdar bete ich inniglich,
die vollkommene Buddhasonne zu sehen.

Immerdar mit dem Knie die Erde berührend,
dürstet mein Sinn voll Sehnsucht nach der Form des
Buddha,
mit wehmütiger Stimme weine ich nach dem Buddha,
und mächtig verlangt es mich, den Sugata zu schauen.

Über und über brennend vom Feuer der Sehnsucht
bitte ich dich, mir das kühlende Wasser deines Anblicks
zu gewähren.

Gar mächtig verlangt es mich, deine Gestalt zu erschauen.
Erquicke mich mit einem Regen des Erbarmens.

Ich flehe dich an, Retter[151], hab Erbarmen mit mir,
ich bitte dich, lass mich den Körper des Friedens erschauen,
du bist die Zuflucht aller wandernden Wesen einschließlich der Götter.

Und so sind die Körper der Śrāvakas leer,
und alle Wesen sind der Natur nach wie ein Traum,
dem Raume gleich, von derselben Natur wie der Raum,
wie Illusionen, Luftspiegelungen oder das Abbild des Mondes im Wasser.
Und auch du, Ehrwürdiger Befreier, *Der du den Weg weist*[152], bist leer."

Da erhob sich der Erhabene von seinem Sitz und sprach mit der Brahmastimme: „Gut so, edle Göttin, und noch einmal, gut so!" Als der Erhabene so gesprochen hatte, da waren die edle Göttin Bodhisattvasamuccayā, die Große Göttin Sarasvatī und die ganze Schar von all den anderen Göttinnen, die Große Göttin Śrī und die Schar von anderen Göttinnen, Vaiśravaṇa und all die anderen Götterkönige mit all ihren Gefolgschaften und die Welt mitsamt ihren Göttern, Menschen, Asuras und Gandharvas hocherfreut, und sie priesen zuhöchst die Rede des Bhagavan.

[So endet] das einundzwanzigste Kapitel, „Bodhisattvasamuccayā“, im vortrefflichen Suvarṇabhāsa, dem mächtigen König der Sūtras.

Das edle Mahāyāna-Sūtra mit dem Namen „Das vortreffliche Suvarṇabhāsa, der mächtige König der Sūtras“ ist beendet.

Bibliografie

The Sūtra of Golden Light
Being a translation of the Suvarṇabhāsottamasūtra by R.E. Emmerick, (1970, 1990), 1996, Pali Text Society Ltd., 73 Lime Walk, Headington, Oxford OX3 7AD

El sūtra de la luz dorada. Discurso del Gran Vehiculo, llamado „la noble y sagrada Luz Dorada", el Rey de la Coleccion de Sūtras (2002), von Ven. Jesus Revert Girones, Ediciones Dharma 2004

Suvarṇaprabhāsottamasūtra, Das Goldglanz-Sūtra, ein Sanskrittext des Mahāyāna-Buddhismus. I-tsing's chinesische Version und ihre Übersetzung, von J. Nobel, Verlag E.J. Brill, Leiden, 1958

Zur deutschen Übersetzung

Im Jahre 2000 gab der Ehrwürdige Kyabje Lama Zopa Rinpoche am *Istituto Lama Tzong Khapa* in Pomaia, Italien, die mündliche Übertragung des Suvarṇabhāsottamasūtra mit Erläuterungen und vielen Hinweisen auf den unermesslichen Nutzen dieses Textes, wie er im Sūtra selbst an vielen Stellen erwähnt wird. In der Folge brachte er bei vielen Gelegenheiten den Wunsch zum Ausdruck, dass dieses Sūtra in möglichst viele verschiedene Sprachen übersetzt werden möge, damit es rezitiert und gelehrt werden könne, und damit es Verbreitung fände, um den Frieden und die Harmonie in der Welt und den Fortschritt Praktizierender zu fördern. Diesem Wunsch wird nunmehr mit dieser Übersetzung entsprochen.

Die erste Fassung der deutschen Übersetzung beruhte auf der englischen Übersetzung von Prof. R.E. Emmerick (*The Sūtra of Golden Light, Pali Text Society, Oxford, 1996*). Diese Übersetzung basiert ihrerseits auf der Sanskrit-Edition von J. Nobel (1937) und entspricht dem kürzesten (Tib. I) der drei im tibetischen Kanon enthaltenen Fassungen des Sūtra (Tib. I, II und III).

Diese Übersetzung aus dem Englischen wurde anschließend mit der spanischen Übersetzung von Tib. I, *Discurso del Gran Vehiculo, llamado „La noble y sagrada Luz Dorada", el Rey de la Coleccion de Sūtras* von Ehrw. Jesus Revert Girones, 2002, (aus dem Tibetischen), verglichen. Größtenteils stimmen die englische Übersetzung (aus dem Sanskrit) und die spanische Übersetzung (aus dem Tibetischen), zwar gut überein, dennoch ergaben sich gewisse Abweichungen.

Um Klärung herbeizuführen, entschieden wir uns daraufhin zu einem Vergleich mit dem tibetischen Text. So wurde also die ganze Übersetzung noch einmal von Frau Conni Krause und von mir Wort für Wort mit dem Tibetischen (Lhasa-Edition) verglichen und überarbeitet. Diese Vorgehensweise war, wie zu sehen ist, sowohl zeitaufwendig wie mühsam, was vor allem auf einen Mangel auf Professionalität meinerseits zurück zu führen ist. Ich bitte die LeserInnen um Nachsicht, wenn ich trotz aller aufgewendeten Sorgfalt nicht mehr als eine gute Absicht und eine Grundlage für zukünftige Verbesserungen anzubieten vermocht habe. Dennoch hoffe ich, dass durch den Segen der Buddhas und des heiligen Textes selbst Nutzen für diejenigen entsteht, die ihn lesen.

Bezüglich einiger Stellen im Text möchte ich eine Anmerkung machen. Im dritten Kapitel heißt es an einer Stelle: „Mögen alle Frauen immerzu Männer werden, stark, mutig, intelligent und gelehrt ..." Ein solches Wunschgebet ist in vielen Sūtratexten enthalten und muss im kulturellen Kontext Indiens vor 2500 Jahren verstanden werden, in welchem die Frau eine solch abhängige Position inne hatte, dass eine weibliche Geburt als Hindernis für die spirituelle Praxis zu betrachten und damit nicht erstrebenswert war. Unter den heutigen gesellschaftlichen und kulturellen Gegebenheiten Mitteleuropas besteht für einen solchen Wunsch, so ist zu hoffen, keine Notwendgkeit mehr und er könnte von den LeserInnen als Abwertung von Frauen empfunden werden.

Andererseits würde eine Änderung der Stelle eine Verfälschung des Inhaltes bedeuten, und so habe ich dieser Versuchung widerstanden. Für mich persönlich ersetzte ich sie beim Lesen mit: „Mögen alle Frauen und Männer immerzu stark werden, mutig, intelligent und gelehrt." Jedenfalls ist es mir ein Anliegen, dass solche Stellen im Kontext gesehen werden und nicht dazu führen, dass der Text als Ganzes für einige LeserInnen unannehmbar wird.

Der tibetische Text ist bei gleichem Inhalt in einundzwanzig, der Sanskrit-Text in neunzehn Kapitel gegliedert. Er ist zum Teil in Prosa und zum Teil in Versform abgefasst, was in der englischen Übersetzung nicht sichtbar zum Ausdruck kommt, in der spanischen Übersetzung jedoch erhalten ist. Ich bin letzterem Vorbild gefolgt, um wenigstens ansatzweise die Poesie des Originals zu vermitteln und auch um den Text für die Rezitation gefälliger zu gestalten. Da eine Numerierung der Verse aus keiner der Fassungen hervorgeht und aus dem tibetischen Text Versanfänge und Versenden nicht immer eindeutig zu erkennen sind, habe ich mich dabei vor allem an Sinneinheiten orientiert und mich darüberhinaus weitgehend bemüht, als Grundstruktur zur leichteren Rezitation ein vierzeiliges Versmaß einzuhalten – was jedoch, wie auch im tibetischen Text, nicht immer geglückt ist.

Ich möchte von ganzem Herzen allen danken, die bei dieser Arbeit geholfen haben, allen voran *Frau Conni Krause*, die, wie schon erwähnt, den ganzen Text sehr ausführlich mit dem Tibetischen verglichen und damit außerordentlich zum

Gelingen beigetragen hat. Ganz herzlich danke ich *Frau Claudia Wellnitz* vom Diamant Verlag, die sich spontan zur Herausgabe des Sūtra bereit erklärt hat, *Frau Traudel Reiß* für das Layout und *Herrn Jörg Hofmann* für die Umschlaggestaltung. Auch *Herrn Dr. Harald Hutterer*, der korrekturgelesen und einen ersten Entwurf für zwei Kapitel (17 und 18) beigesteuert hat, *Frau Christine Kirschstein* und *Frau Renate Link-Schreiber* ebenfalls für Korrekturlesen und gute Vorschläge, *Gelongma Jampa Tsedroen* (*Frau Carola Roloff*) für ihre Hilfe beim Auffinden von J. Nobels Übersetzung in der Universitätsbibliothek in Hamburg, den Übersetzern *Norbu Lamsang* und *Thubten Sherab* für die Klärung von einigen Textstellen, dem *Āryatara Institut München*, dem Zentrum *Long Ku Zopa Gyu* in Bern und dem Zentrum *Panchen Losang Chögyen* in Wien sowie allen weiteren Personen, die mit Spenden und anderen Beiträgen geholfen haben. Und von ganzem Herzen danke ich meiner immer hilfsbereiten und verständnisvollen Familie. Sehr herzlich möchte ich auch Robert Beer danken, der die Illustrationen zur Verfügung gestellt hat. Das Verdienst aus dieser Übersetzung möchte ich besonders auch ihm, seiner Familie und vor allem seiner Tochter Carrina, die im März 2006 mit 23 Jahren bei einem Unfall ums Leben gekommen ist, von ganzem Herzen widmen.

Dann danke ich von Herzen dem hochverehrten spirituellen Direktor der FPMT (*Foundation for the Preservation of the Mahāyāna Tradition*), dem *Ehrwürdigen Kyabje Lama Zopa Rinpoche*, der diese Arbeit inspiriert und unterstützt hat und dem *Ehrwürdigen Geshe Jampa Gyatso*, der allezeit mit unendlicher Fürsorge und Weisheit jeglichen Wunsch seiner Schüler zu verwirklichen hilft. Mögen diese und andere große Lehrer des Mahāyāna-Buddhismus, insbesondere auch Seine Heiligkeit, der 14. Dalai Lama, lange leben, und mögen sich durch ihre unermüdlichen Aktivitäten die Lehren des Buddha in dieser Welt in reiner Form erhalten.

Und zuguterletzt, weil es ein Ehrenplatz ist, sei Dank dem unübertroffenen Lehrer, der einst dieses Sūtra zum Wohl von Lebewesen in dieser Welt gesprochen hat, so dass sie Glück erlangen mögen, Frieden und Erleuchtung, dem unvergleichlichen Begründer des Buddhadharma in dieser Welt, dem Tathāgata Śākyamuni.

Möge jedem, der dieses Sūtra liest, es rezitiert, es bewahrt und in Ansehen hält, alles Glück genau so zuteil werden, wie es im Sūtra selbst beschrieben wird. Mögen alle diese Menschen höchste Erleuchtung erlangen.

Dr. Birgit Schweiberer (Getsulma Lobsang Drime Ösel)
Juni 2006, Pomaia, Istituto Lama Tzong Khapa

Anmerkungen

1 Wörtl.: Klang der Trommel, Synonym für Buddha Amogasiddhi.

2 Die Vier Grossen Könige *Vaiśravana*, *Dhṛtarāṣṭra*, *Virūḍhaka* und *Virūpākṣa*. Ihnen ist das 7. Kapitel gewidmet.

3 Hiermit ist wohl die Göttin *Śrī* gemeint. Der Fluss *Narañjanā* spielt im Leben des Buddha eine große Rolle (J. Nobel).

4 *Indra*, Herrscher im Himmel der Dreiunddreißig Götter.

5 Die Begriffe *Äon*, *Kalpa*, *Zeitalter* und *Weltzeitalter* werden in der Übersetzung sinngleich verwendet. Es gibt verschiedene Arten von Kalpas, wobei mit dem Begriff hier zumeist der Zeitraum bezeichnet wird, innerhalb dessen ein Universum aus dem leerem Raum entsteht, für eine gewisse Zeit Bestand hat und schließlich zerstört wird.

6 Die zehn heilsamen Handlungen oder Tugenden sind die Grundlage ethischen Verhaltens und bestehen im Aufgeben der zehn unheilsamen Handlungen oder Untugenden. Dabei sind die drei *heilsamen körperlichen Handlungen* das Aufgeben von 1. Töten, 2. stehlen und 3. sexuellem Fehlverhalten. Die vier heilsamen sprachlichen Handlungen bestehen im Aufgeben von 4. Lügen, 5. verletzender Rede, 6. Zwietracht säender Rede und 7. sinnlosem Geschwätz. Die drei *geistigen heilsamen Handlungen* bestehen im Aufgeben von 8. Habsucht, 9. Feindseligkeit und 10. verkehrten Ansichten.

7 Skt.: *Trisāhasra-mahāsāhasra-lokadhātu*. Es werden nach

der Kosmologie des Abhidharmakośa drei „Welt-Elemente“ (*Lokadhātu*) unterschieden: 1. Der kleine Chiliokosmos, bestehend aus tausend Weltbergen mit je vier Kontinenten, Nebenkontinenten und so weiter. 2. Der mittlere Chiliokosmos, bestehend aus tausend x tausend solcher Weltsysteme. 3. Der große Chiliokosmos (*Trisāhasra-mahāsāhasra-lokadhātu*), der tausend x tausend x tausend solcher kleinen Weltsysteme umfasst, wird hier als das „Dreitausend-große-Tausend-Weltsystem“ bezeichnet. (J. Nobel, S. 16 f.)

8 Tib.: *dran pa*, Achtsamkeit. Auch mit *Bewusstheit* oder *Vergegenwärtigung* übersetzt.

9 Der Weltenberg *Meru* oder *Sumeru*, tib.: *ri rab*, bildet nach der indischen Kosmologie den Mittelpunkt einer Welt. Er ist von gewaltigen Ausmaßen (80.000 *Yojanas*, das heißt ca. 576.000 km hoch, breit und lang) und steht mit seinen acht Terrassen wie ein Pfeiler in der Mitte des großen Weltmeeres. Umgeben wird er von sieben Reihen goldener Ringberge (*Cakravāḍas*). Außerhalb dieser Bergketten im großen Weltmeer liegen die vier Hauptkontinente, (*Jambudvīpa* im Süden, *Pūrvavideha* im Osten, *Aparagodanīya* im Westen und *Uttarakuru* im Norden), und die acht Nebenkontinente, auf denen menschliches Leben stattfindet.

10 Obwohl der Buddha nicht, wie gewöhnliche sterbliche Wesen, unter der Kontrolle von Karma und Verblendungen im Daseinskreislauf verweilt, da er durch seine erhabene Weisheit von Geburt und Tod befreit ist, manifestiert er sich dennoch aus Mitgefühl an den Orten leidender Wesen, um sie zur Erleuchtung zu führen. Wann und wo sich ein Buddha manifestiert, hängt jedoch nicht nur von seinem Wunsch, sondern auch vom Karma der Lebewesen und von den besonderen Verbindungen ab, die bestimmte Wesen zu einer bestimmten Zeit mit einem bestimmten Buddha haben. Daher kann die Erscheinung eines Buddha abhängig vom Geschick der Lebewesen zeitlich und örtlich begrenzt sein. Seine Existenz als Erleuchteter, das heißt seine Existenz und sein Wirken zum Wohle anderer haben jedoch keine Grenzen und kein Ende.

11 Dieser Stelle geht in der längeren Version des Sūtra (Tib. III) eine Erklärung des Tathāgata voraus, nach der es

nötig ist, dass der Buddha eines Tages den Anschein eines gewöhnlichen Todes manifestiert, um seinen Schülern die Vergänglichkeit aller bedingten Phänomene vor Augen zu führen, um in ihnen große Wertschätzung für die rare Zeit des Erscheinens eines Erleuchteten zu erzeugen und sie so zu starken Anstrengungen in der spirituellen Praxis zu stimulieren. Diese Passage ist in Tib. I nicht enthalten.

12 Dieser Stelle geht in der längeren Version des Sūtra, Tib. III, eine kurze Passage voraus, in welcher Sarvalokapriyadarśana, der Litsavi Prinz, den Brahmanen Kauṇḍinya darüber belehrt, dass man, um im Himmel der Dreiunddreißig geboren zu werden, statt eine Reliquie zu verehren lieber das Suvarṇabhāsa, den mächtigen König der Sūtras, anhören solle. Er selbst wolle ihm das Sūtra zu diesem Zwecke nun darlegen. Erst daraufhin macht Kauṇḍinya den Einwand, dass das Sūtra für die anwesenden Brahmanen viel zu schwer zu verstehen sei und man daher doch lieber auf die Verehrung einer Reliquie zurückgreifen wolle, um das erwähnte Verdienst zu erwerben. Ohne die Ergänzung dieses fehlenden Textfragmentes erscheint es nicht ganz einleuchtend, warum der Brahmane an dieser Stelle auf das Sūtra zu sprechen kommt.

13 Bei J. Nobel: *Kumuda*-Lotus, tib.: *me tog rnams*, Blumen.

14 Ein Buddha hat zwei Arten von Körpern: *Wahrheitskörper* (*Dharmakāya*) und *Formkörper* (*Rūpakāya*). Der *Wahrheitskörper* wird weiter eingeteilt in den *Weisheitswahrheitskörper* (*Jñāanadharmakāya*), das heißt das allwissende Bewusstsein des Buddha und den *Naturwahrheitskörper* (*Svabhāvakāya*), die letztendliche Natur seines Bewusstseins, beziehungsweise seine Leerheit von inhärenter Existenz oder auch seine *Dharmadhātu*. Der *Dharmakāya* ist unvergänglich und unzerstörbar *wie ein Vajra*. Er kann aufgrund seiner Subtilität und Komplexität nur von Buddhas wahrgenommen werden. Daher manifestiert der *Dharmakāya* zwei Arten von Formkörpern, um mit Lebewesen zu kommunizieren: Den *Körper vollkommenen Erfreuens* (*Saṃbhogakāya*), der nur für Ārya Bodhisattvas sichtbar ist, das heißt Bodhisattvas auf den zehn Bodhisattva-Ebenen, die die Leerheit direkt erkannt haben, und zahlreiche *Verwandlungs-*

oder Ausstrahlungskörper (*Nirmāṇakāya*), die auch von gewöhnlichen Wesen wahrgenommen werden können. Die Manifestation eines bestimmten *Nirmāṇakāya* geschieht im Einklang mit den Veranlagungen, Interessen und Verdiensten bestimmter Lebewesen und ist von vorübergehender Natur. Buddha Śākyamuni, wie er sich in dieser Welt manifestierte, war ein *Höchster Nirmāṇakāya*, eine Manifestation seines Dharmakāya in menschlicher Gestalt, der Geburt, Erleuchtung und Parinirvāṇa für die Menschen dieses Zeitalters gezeigt hat.

15 Den *Nirmāṇakāya*.

16 In der englischen Übersetzung von *R.E. Emmerick* wird *Vaiḍūrya* durchgehend mit *Beryll* wiedergegeben, in der spanischen Übersetzung von *Ehrw. Jesus Revert* durchgängig mit *Lapislazuli*. Wenn in der Folge im Text manchmal *Lapislazuli* und manchmal *Beryll* erscheint, so nur aus Gründen des Sprachflusses. Im Tibetischen handelt es sich immer um dasselbe Wort (*be(n)durya*).

17 Das Bekenntnis-Kapitel gilt als das Herzstück des Sūtra. Es wird von Lama Tzongkhapa (1357-1419) in seiner *Großen Darlegung der Stufen des Pfades* neben der Praxis der 35 Bekenntnis-Buddhas als wesentlicher Sūtratext zum Bereinigen von negativem Karma empfohlen. Das Kapitel enthält in sehr detaillierter Weise alle vier Elemente oder Kräfte einer vollständigen Praxis zur Bereinigung von negativem Karma – 1. *Die Kraft der Grundlage*: Zufluchtnahme und die Entwicklung des Wunsches nach Erleuchtung. 2. *Die Kraft der Reue*: Bereuen schlechter Handlungen und Offenlegen in Form eines Bekenntnisses. 3. *Die Kraft der Abkehr*: Den festen Entschluss zur Aufgabe der schlechten Handlungen in der Zukunft. 4. *Die Kraft des Heilmittels*: Die Anwendung eines heilsamen Gegenmittels zu unheilsamen Handlungen, was hier in Form der Rezitation des Sūtra selbst, Lobpreisungen der Buddhas und ihrer Werke und in Form von Mitfreude an den Verdiensten anderer Lebewesen ausgiebig praktiziert wird. Siehe: *The Great Treatise on the Stages of the Path to Enlightenment, Lam Rim Chen Mo, Tsong-Kha-Pa, Josuah W.C. Cutler et al., Snow Lion Publications, 2000.*

18 Wörtl.: große Trommel.

19 Tib.: *mthub dbang*, skt.: *Muni*, Synonym für den Buddha,

bei Emmerick und auch hier gelegentlich mit „großer Weiser" übersetzt.

20 *Glieder der Erleuchtung* bilden eine von sieben Gruppen geistiger Qualitäten innerhalb der *Siebenunddreißig der Erleuchtung förderlichen Faktoren*. Sie sind: 1. rechte Vergegenwärtigung, 2. rechte Unterscheidung, 3. rechte Tatkraft, 4. rechte Freude, 5. rechte Gefügigkeit, 6. rechte Konzentration (*ting nge 'dzin*, meditative Festigung, *Samādhi*), 7. rechter Gleichmut.

21 *Die Stimme Brahmas* bezeichnet die Stimme eines Buddha und ist mit vierundsechzig außerordentlichen Qualitäten versehen, wie zum Beispiel dass sie mit einem einzigen Wort den Dharma in verschiedenen Sprachen und für die unterschiedlichen geistigen Neigungen aller Zuhörer vermittelt. Ausführlich dargelegt werden alle Eigenschaften von Körper, Rede und Geist des Buddha im achten Kapitel vom *Schmuck der klaren Erkenntnis, Abhisamayālaṃkāra*, von *Buddha Maitreya*, in Kurzfassung zum Beispiel auch in *Liberation in our Hands, Pabongka Rinpoche Jampa Tenzin Trinle Gyatso, Mahāyāna Sūtra and Tantra Press, Howell, N.J., Band 2 Anhang*.

22 Tib.: *nyon mongs*, skt.: *Kleśa*, das im Folgenden mit *Leidenschaften* oder *Verblendungen* übersetzt wurde, ist im Tibetischen durchgehend dasselbe Wort.

23 Tib.: *sdig pa*. Hier wurden zuweilen die Worte Böses, Schlimmes, Schlechtes, Missetat, Untat, Unrecht, Schlechtigkeit verwendet, um zu viele Wiederholungen, insbesondere von Worten wie *schlecht* und *böse* zu vermeiden. Im Tibetischen handelt es sich dabei immer um denselben Begriff.

24 Wörtlich: vor „Denen, die die zehn Kräfte besitzen" (skt.: *Daśabala*). Die zehn Kräfte sind besondere Vorzüge, die niemand außer einem Buddha besitzt und die ihn daher charakterisieren: 1. *Das Wissen um Quellen und Nicht-Quellen*, das heißt korrekte und inkorrekte Zusammenhänge zwischen Karma und seinen Auswirkungen. 2. *Das Wissen um die Reifungen von Karma* in allen Einzelheiten. 3. *Das Wissen um die verschiedenen Wünsche* von Lebewesen. 4. *Das Wissen um die verschiedenen Arten von Neigungen* der Lebewesen. 5. *Das Wissen um höher oder niedriger entwickelte* [Anlagen von]

Lebewesen. 6. *Das Wissen um alle Arten von Pfaden*, die zum Daseinskreislauf oder den drei Arten von Erleuchtung der Hörer (*Śrāvakas*), Alleinverwirklicher (*Pratyekabuddhas*) und Bodhisattvas führen. 7. *Das Wissen um alle Arten von Konzentrationen* (*Dhyāna*), Befreiungen (*Vimokṣa*), meditative Festigungen (*Samādhi*) und Versenkungen (*Samāpatti*) und um die Verblendungen und Freiheiten von Befleckungen anderer. 8. *Das Wissen um frühere Existenzen*. 9. *Das Wissen um Tod und Wiedergeburt* der Lebewesen. 10. *Das Wissen um die Auslöschung aller Befleckungen*.

25 Tib.: *chos nams*, skt.: *Dharma*.

26 *Śrāvakas* sind die *Hörer* des Buddha, Anhänger des Kleinen Fahrzeugs (skt.: *Hīnayāna*), die den Dharma hören und entsprechend anwenden und ihn auch anderen weitervermitteln. Ihr wesentliches Ziel ist die persönliche Befreiung aus dem Daseinskreislauf, der Zustand eines *Arhats*.

27 *Pratyekabuddhas* sind *Alleinverwirklicher*, Praktizierende, die Wunschgebete gesprochen haben mit dem Ziel, in ihrer letzten Existenz, bevor sie Nirvāṇa erlangen, an einem Ort geboren zu werden, an welchem kein Buddha lehrt, und dort allein, ohne weitere Hilfe durch einen Lehrer, Befreiung aus dem Daseinskreislauf zu erlangen und anderen den Dharma zu lehren. Obwohl der Name *Pratyekabuddha* zu der Annahme verleiten könnte, dass es sich bei diesen Arhats um Buddhas handelt, haben sie jedoch vorläufig nur eine Befreiung aus dem Daseinskreislauf und noch keine vollständige Erleuchtung zum Wohle anderer Lebewesen erlangt. Sie sind daher keine vollkommen erleuchteten Buddhas (*Samyaksaṃbuddhas*).

28 Tib.: *las*, skt.: *Karma*.

29 Nach dem *Abhidharmakośa* (*Schatzhaus des Höheren Wissens* von Acharya *Vasubhandu*) werden drei Arten von Hindernissen für die Befreiung aus dem Daseinskreislauf genannt: 1. Hindernisse durch Handlungen (*Karma-āvaraṇa*), 2. Hindernisse durch Verblendungen (*Kleśa-āvaraṇa*) und 3. Hindernisse durch Reifung (*Vipāka-āvaraṇa*). In diesem Falle hier handelt es sich um *Hindernisse durch Handlungen*, *Karma-āvaraṇa*, die durch die Anwendung der vier Gegenkräfte, die im Text ent-

halten sind, beseitigt werden können. Hindernisse durch Verblendungen, *Kleśa-āvaraṇa*, können nur durch eine Erkenntnis der Selbstlosigkeit beziehungsweise Leerheit überwunden werden.

30 Tib.: *yon ten.*

31 Skt.: *Dhāraṇī*, Formel bestehend aus meist mehreren geheiligten Silben. Es gibt weitgehende Überschneidungen zwischen *Dhāraṇī* und *Mantra*, wobei *Dhāraṇīs* oft länger sind.

32 Skt.: *Kleśa-āvaraṇa*, *Karma-āvaraṇa.*

33 Wie bereits erwähnt sind die drei schlechten Taten des Körpers, die vier der Rede und die drei des Geistes: 1. Töten, 2. Stehlen, 3. sexuelles Fehlverhalten, 4. Lügen, 5. verletzende Rede, 6. zwieträchtige Rede, 7. sinnloses Geschwätz, 8. Habsucht, 9. Feindseligkeit, 10. verkehrte Ansichten.

34 Sie bestehen im Aufgeben der zuvor genannten zehn schlechten Taten.

35 Tib.: *dzambuling*, skt.: *Jambudvīpa*: Der südliche Kontinent oder auch die Welt, in der wir leben.

36 Tib: *nyon mong*, skt.: *Kleśa.*

37 Tib.: *thub pa*, skt.: *Muni.*

38 Die 32 *Hauptmerkmale* (skt.: *Lakṣaṇas*) und die 80 *Nebenmerkmale* (skt.: *Anuvyañjanas*) sind die insgesamt 112 Zeichen, welche die Verdienste und *inneren Qualitäten eines Erleuchteten zum Ausdruck bringen.*

39 *Die 32 Hauptmerkmale und die 80 Nebenmerkmale eines Buddha.*

40 Tib.: *chos*, skt.: *Dharma.*

41 Skt.: *Māra*, Dämonen, welche Befreiung und Erleuchtung behindern. Es werden vier Arten von Māras genannt: 1. Māra der *Leidenschaften*, 2. Māra des *Todes*, 3. Māra der (befleckten) *Aggregate*, 4. *Devaputra*-Māra. Ein Erleuchteter hat alle vier Māras besiegt und ist daher für immer frei von inneren und äußeren Hindernissen.

42 Die *Sechs Vollkommenheiten* (skt.: *Pāramitā*) sind die Übungen von Bodhisattvas, die mit der Motivation praktiziert werden, zum Wohle aller Lebewesen vollkommene Erleuchtung zu erlangen (*Bodhicitta*): Die Vollkommenheit 1. des Gebens, 2. der ethischen Disziplin, 3. der Geduld, 4. der Tatkraft, 5. der Konzentration, 6. der Weisheit.

43 Tib.: *dbang po*, Sinne, Sinnesorgane. Der Begriff wird aber

auch für den Körper im Allgemeinen verwendet.

44 Tib.: *chos*, skt.: *Dharma*.

45 Die niederen Bereiche der Existenz sind die Bereiche der Höllen, Hungergeister und Tiere. Sie werden als „niedrig“ bezeichnet, weil sie im Vergleich mit den Welten der Menschen und Götter von viel Leid geprägt sind und weil sie wenig Gelegenheit bieten, durch spirituelle Praxis Befreiung und Erleuchtung zu erlangen. Sie werden nicht etwa so genannt, weil die Lebewesen, die dort leben, für niedrig oder geringwertig gehalten werden.

46 Die acht Unfreiheiten sind acht Umstände, die die Praxis des Pfades zu Befreiung und Erleuchtung fast unmöglich machen: 1. Geburt als Höllenwesen, 2. Geburt als Hungergeist, 3. Geburt als Tier, 4. Geburt als langlebiger Gott ohne Unterscheidungsvermögen, 5. Geburt in einem dunklen Zeitalter, wenn kein Buddha erschienen ist und gelehrt hat, 6. Geburt in einem unreligiösen Land, 7. Geburt mit mangelhaften körperlichen oder geistigen Voraussetzungen, 8. Festhalten an verkehrten Ansichten.

47 Die beste Freiheit ist die Freiheit einer menschlichen Geburt mit achtzehn Qualitäten. Acht davon bestehen in der Abwesenheit der vorher genannten Unfreiheiten. Weitere zehn sind förderliche Ausstattungen für die Praxis des Pfades: 1. Als Mensch geboren zu sein, 2. mit vollständigen Sinnesorganen, 3. mit nur mildem negativem Karma, 4. mit Vertrauen in die Lehre, 5. in einem religiösen Land, 6. wenn ein Buddha erschienen ist, 7. wenn er gelehrt hat, 8. wenn die Lehre noch erhalten ist und 9. Praktizierende sie umsetzen, und wenn 10. Dharma-Praktizierenden Wohlwollen und Förderung zuteil wird.

48 Das Erlangen der Erleuchtung ist Frauen und Männern gleichermaßen möglich. Die wörtliche Bedeutung des Sūtra an dieser Stelle ist vor dem Hintergrund Indiens vor 2500 Jahren zu verstehen, in welchem durch die kulturell bedingt niedrige Stellung der Frau eine weibliche Geburt als soziales Hindernis für die spirituelle Praxis zu betrachten war. Die wesentliche Bedeutung der Textstelle besteht im Wunsch nach einer Wiedergeburt mit ausreichenden Freiheiten für die Praxis des Pfades zur Erleuchtung.

49 Tib.: *rigs kyi hla mo*, wörtl.: Göttin von [guter] Abstammung, Herkunft, Familie, Linie.

50 Weil er in der Vergangenheit zahllose erlesene Geschenke dargebracht hat.

51 Weil er in der Vergangenheit alle Wesen den Dharma in ihrer jeweiligen Sprache gelehrt hat.

52 Weil er alles Verlangen nach Objekten wie Formen und Farben, Klängen und so weiter aufgegeben hat.

53 Weil er in der Vergangenheit Achtung, Lob und Anerkennung für alle Wesen praktiziert hat.

54 Weil er drei große zahllose Weltzeitalter lang jedes Lebewesen wie sein eigenes Kind betrachtet hat.

55 Skt.: *Utpala*, blauer Lotus.

56 Weil er drei große zahllose Weltzeitalter lang nur milde, freundliche Worte gesprochen hat.

57 Weil er in der Vergangenheit Respekt und Verehrung für alle höheren Wesen hervorgebracht hat.

58 Die Bedeutung ist nicht ganz klar. Bei R.E. Emmerick sind es die Augen, bei J. Nobel die Augenbrauen. Dieselben sind bei einem Buddha lang und fein, weil er ununterbrochen fühlende Wesen beobachtet hat.

59 Sein Nabel ist tief und nach rechts gewunden, weil er Erkenntnis des tiefgründigen Dharma erlangt und Dharma-Anweisungen im Einklang mit den Schülern vermittelt hat.

60 Weil er solcherart in der Weisheit ruht, die die Leerheit erkennt, dass dieselbe allezeit mit dem Faktor der Methode verbunden ist.

61 Weil er in der Vergangenheit Kranken gedient und sie gepflegt hat.

62 Weil er in der Vergangenheit Ablenkungen und Zerstreuungen aufgegeben hat.

63 Siehe Anmerkung 50.

64 Seine Lippen sind rot wie Bimba-Frucht, weil er die Erkenntnis erlangt hat, dass alle Welten und Wesen wie Spiegelbilder existieren.

65 Weil er den Wesen den Dharma mit einfachen Beispielen erklärt hat.

66 Weil er Fähigkeiten entwickelt hat, die jene menschlicher Wesen vollkommen übertreffen.

67 Tib.: *rgyal ba*, Sieger, Überwinder, Synonym für den Buddha.

68 Weil er in der Vergangenheit kein einziges Wesen, keine

Bettler und so weiter abgewiesen hat.

69 Tib.: *lhon med*, wörtl.: ohne Pause, ohne Rast, ohne Nachlässigkeit.

70 Der Titel des Textes wird manchmal mit *Suvarṇabhāsa* und manchmal mit *Suvarṇaprabhāsa* angegeben.

71 *Geist* und *Bewusstsein* haben in der Regel die gleiche Bedeutung.

72 Tib.: *'byung ba chen po*. Die wörtliche Übersetzung von „große Elemente" ist „große Entsteher", woraus sich ein Wortspiel ergibt, in dem die „großen Entsteher" kein „großes Entstehen" haben. Denn da sie *entstanden* sind (das heißt, da sie *abhängig von Ursachen und Bedingungen* entstanden sind), sind sie *nicht entstanden* (das heißt, sie sind *nicht aus eigener Kraft* entstanden). Und damit haben sie kein „großes Entstehen", das heißt ein Entstehen aus sich selbst heraus. Dass alle Phänomene nur abhängig von anderen Faktoren und nicht aus eigener Kraft existieren können, bedeutet, dass sie leer sind von Eigenexistenz oder inhärenter Existenz.

73 Tib.: *'dren pa* (Synonym für den Buddha) wörtl.: der (aus Saṃsāra) herauszieht.

74 Tib.: *chos kyi sku*, skt.: *Dharmakāya*.

75 Tib.: *brtul zhugs*, Disziplin, asketische Übungen.

76 Die Vier Großen Könige sind Götter, die dem Begierdebereich angehören. Sie leben nach dem Abhidharmakośa auf der obersten Terrasse des Weltenbergs Meru und beschützen mit ihrem Gefolge die jeweilige Himmelsgegend: *Vaiśravaṇa* ist der Hüter des Nordens und Herr der *Yakṣas* (Schadensstifter), außerdem eine Gottheit des Wohlstands; *Dhṛtarāṣṭra*, der Hüter des Ostens, ist der Herrscher der *Gandharvas* (Himmlische Musikanten); *Virūḍhaka*, der Hüter des Südens, ist Herrscher über die *Kumbhāṇḍa*-Dämonen; *Virūpākṣa*, der Hüter des Westens, ist der Herrscher der *Nāgas* (Schlangenwesen, die an Wasserläufen, Tümpeln, in Bäumen, Büschen und so weiter leben und der Tierwelt angehören). Man kann die Vier Könige nach verschiedenen Darlegungen als weltliche Götter auffassen, die vom Buddha in die Pflicht genommen wurden, seine Lehre und ihre Praktizierenden zu schützen; nach anderer Darlegung sind sie selbst Erleuchtete, die sich zum Wohle anderer Lebewesen in der Gestalt weltlicher Götter manifestieren.

77 Die vier Arten von Anhängern des Buddha: Nonnen (skt.: *Bhikṣuni*) und Mönche (skt.: *Bhikṣu*), weibliche Laien (skt.: *Upāsikā*) und männliche Laien (skt.: *Upāsaka*).

78 *Cakravartin*-Könige, „Raddrehende Könige", leben nach der Kosmologie des Abidharmakośa zu Zeiten, in denen die Tugend der Menschen groß ist und ihre Lebensspanne mehr als 80.000 Jahre beträgt, weil Menschen mit geringerer Lebensspanne kein geeignetes Karma mehr besitzen, am Wohlstand solcher „goldener Zeitalter" teilzuhaben. Der Name rührt daher, dass Cakravartin-Könige ihre Hoheitsgebiete mit einem kostbaren Rad regieren. Je nach der Anzahl der Kontinente, über die sie gebieten (einen, zwei, drei oder vier), üben sie ihre Herrschaft mit einem eisernen, kupfernen, silbernen oder goldenen Rad aus. Ihre Funktion ist, ihre Untertanen im Einklang mit dem Dharma zu führen.

79 Etwa 7.2 km (*Abhidharmakośa*, III.88 a,b).

80 Die sieben Reihen goldener Ringberge, die den Weltenberg Meru umgeben.

81 Der große eiserne Ringberg, der den Rand des großen Ozeans säumt.

82 Die sechs Arten von Göttern des Begierdebereiches.

83 Die zwölf Aspekte der ersten Drehung des Rades der Lehre beinhalten je drei Aspekte in Bezug auf jede der Vier Edlen Wahrheiten: 1. Die *Entität Wahrer Leiden*: die fünf befleckten körperlichen und geistigen Aggregate. 2. Die *Aktivität* in Bezug auf Wahre Leiden, das heißt das, was zu tun ist: Sie müssen erkannt werden. 3. Die *Funktion* dieser Erkenntnis: Sie ist vollständig, das heißt außer diesen gibt es keine weiteren Leiden zu erkennen. Genauso für *Wahre Ursprünge*: 4. Die *Entität* Wahrer Ursprünge von Leiden sind Karma und Verblendungen. 5. Die *Aktivität*: Sie müssen aufgegeben werden. 6. Die *Funktion* dieser Aufgabe: Sie ist vollständig, das heißt außer diesen müssen keine weiteren Ursachen von Leiden aufgegeben werden. 7. Die *Entität Wahrer Beendigungen* ist ein Aufhören von Leiden und Ursprüngen von Leiden. 8. Die *Aktivität*: Sie müssen erlangt werden. 9. Die *Funktion*: Nachdem sie erlangt sind, ist kein weiteres Aufhören von Leiden und Ursprüngen von Leiden mehr zu erlangen. 10. Die *Entität Wahrer Pfade* ist zum Beispiel der Edle Achtfache Pfad. 11. Die *Aktivität*:

Wahre Pfade müssen praktiziert werden. 12. Die *Funktion*: Sobald eine Wahre Beendigung aller Leiden und Ursprünge erlangt wurde, muss kein weiterer Pfad mehr praktiziert werden. (Aus dem mündlichen Kommentar zum *Schmuck der klaren Erkenntnis, Abisamayālamkara*, von Buddha Maitreya, 1998 von Geshe Jampa Gyatso).

84 Wörtl.: „Greifer", Planetengott, der Eklipsen verursachen kann, indem er Mond oder Sonne verschlingt. Siehe *H. W. Schumann, Buddhistische Bilderwelt, Diederichs, 1997*.

85 Skt.: „Die Melodische".

86 Skt.: „Der in die Irre führt".

87 Die Namen der Heilpflanzen sind im Wesentlichen der englischen Übersetzung von R.E. Emmerick entnommen. Wo sie von der Übersetzung von J. Nobel abweichen, wurde dies angemerkt. (1) *Vacā*, „süße Flagge", Acorus Calamus Linn., (2) *Gorocanā*, laut J. Nobel: „Kuh-bezoar" (3) *Spṛkkā*, Trigonella corniculata Linn., (4) *Śāmyaka*, laut J. Nobel: wohl Cedrus deodara, (5) *Śamī*, Acacia sundra DC., laut J. Nobel: Prosopis spicigera L., (6) *Śirīṣa*, „Siris Baum", Albizzia Lebbeck Benth., laut J. Nobel: Acacia julibrissin DURAZZ, (7) *Indrahastā*, laut J. Nobel: Bletilla hyazintina, (8) *Mahābhāgā*, laut J. Nobel: „Moschus", (9) *Jñāmaka,* laut J. Nobel: zweifelhaft, Conioselinum univittatum TURCZ, (10) *Tvac*, „Zimtrinde", Cinnamomum zeylanicum Nees., laut J. Nobel: cinnamomum casia BLUME, (11) *Agaru*, „Aloe", Aquilaria agallocha Roxb., laut J. Nobel: Aquilaria malaccensis LAM, (12) *Śrīveṣṭaka*, „Harz vom Indischen Olibanum", laut . Nobel: Harz der Pinus longifolia ROXB, (13) *Sarja*, „Sal", Shorea robusta Gaertn. F., (14) *Guggulu*, „Indischer Bdellium", Commiphora mukul Engl, (15) *Patra*, „Zimtbaumblätter", Cinnamomum tamala T. Nees et Eberm., (16) *Śallakī*, „Indischer Olibanum", Boswellia serrata Roxb. Ex Colebr., Weihrauch, (17) *Śaileya*, „Lichen", Parmelia perlata Ach., laut J. Nobel: Anethum graveolans, „Dill", wahrscheinlich aber eher eine Artemisia-Art, (18) *Tagara*, „Indischer Baldrian", Ervatamia divaricata Burkill., laut J. Nobel: Tabernaemontana coronaria Br., (19) *Candana*, „Sandel", Santalum album Linn., (20) *Manaḥśilā*, „Rotes Arsen", Realgar, (21) *Sarocanā*, laut J. Nobel: Tabaschir, (22) *Kuṣṭha*, „Costus",

Saussurea lappa C.B. Clarke, (23) *Kuṅkuma*, „Safran“, Crocus sativus Linn., (24) *Musta*, „Nußgras“, Cyperus rotundus Linn., (25) *Sarṣapa*, „Weißer Senf“, Sinapsi Brassica campestris Linn., (26) *Cavya*, „Langer Pfeffer“, Piper chaba Hunter, (27) *Sūkṣmailā*, „Kleiner Kardamom“, Elettaria cardamomum Maton, (28) *Nalada*, „Narde“, Nardostachys jatamansi DC, (29) *Nāgakesara*, „Nagkassar“, Mesua ferrea Linn., (30) *Uśīra*, „Vetiver“, Vetiveria zizanioides Linn., laut J. Nobel: Wurzel von Andropogon schoenanthus L.

88 Emmerick: (statt *hiphule migule*) *hingule.*

89 Emmerick: (statt *cihara*) *citara.*

90 Emmerick: (statt: *khare*) *khari.*

91 Emmerick: (statt: *apratehatabuddhi*) *apratihatabuddhi.*

92 Emmerick: (statt: *mahāprabhava*) *mahāprabhave.*

93 Tib.: *dran pa*, an anderer Stelle auch mit *Achtsamkeit* oder *Vergegenwärtigung* übersetzt.

94 Tib.: *dkos*, auch Notwendigkeit, Bedürfnis.

95 Skt.: „Die Glorreiche“.

96 *Gutes Geschick* ist ein Synonym für den Namen der Göttin, ähnlich der Göttin *Fortuna* in der römischen Mythologie.

97 Tib.: *de kho na*, die letztendliche Natur aller Phänomene, ihre Leerheit von inhärenter Existenz.

98 Bei den acht Regeln, die hier erwähnt werden, handelt es sich vermutlich um die acht Mahāyāna-Gelübde, was daraus ersichtlich wird, dass sie mit der Mahāyāna-Motivation abgelegt werden, das heißt mit dem Wunsch, den Zustand der Allwissenheit eines Buddha in sich selbst und anderen Lebewesen zu verwirklichen. Die acht Gelübde beinhalten 1. Das Aufgeben von Töten, 2. das Aufgeben von Stehlen, 3. der Verzicht auf sexuelle Betätigung, 4. Vermeiden zu lügen, 5. Verzicht auf Alkohol, 6. Verzicht auf den Gebrauch hoher oder teurer Betten und Sitzgelegenheiten, 7. Verzicht auf feste Speise nach Mittag, 8. Verzicht auf Schmuck, Parfüm, Gesang, Musik und Tanz. Die Gelübde werden in der Regel für 24 Stunden, von Sonnenaufgang zu Sonnenaufgang, abgelegt und eingehalten, und das Verdienst, das aus ihnen erwächst, wird als unermesslich beschrieben. Siehe *The Direct and Unmistaken Method, The Practice and Benefits of the Eight Mahāyāna Precepts*, Trijang Dorje Chang and Geshe Lamrimpa, compiled by Kyabje Lama Zopa Rinpoche,

Wisdom Publications, Boston, 1991.

99 Skt.: „Die Unerschütterliche".

100 Laut J. Nobel differieren die Zahlenangaben in den verschiedenen Versionen erheblich.

101 Die 5 Arten von Objekten, die für Wesen im Bereich der Sinne, beziehungsweise der Begierde attraktiv sind: Schöne Formen und Farben, angenehme Klänge, gute Düfte, delikater Geschmack und angenehme Objekte der Berührung.

102 Skt.: „Vollkommenes Wissen".

103 Die Vielzahl aller Phänomene, das heißt jedes einzelne Phänomen sowie alle Klassen, Unterteilungen, Merkmale und Aspekte aller Phänomene.

104 Die Bestehensweise aller Phänomene.

105 Tib.: *dran pa* wurde andernorts mit Achtsamkeit, Vergegenwärtigung übersetzt.

106 Tib.: *shes rab.*

107 Tib.: *ye shes.*

108 Tib.: *hla'i dbang po'i dam tsig*, skt.: *Devandrasamaya.*

109 Tib.: *chos min*, wörtl.: Nicht-Dharma.

110 Wörtl.: freudlos, missmutig.

111 Tib.: *chos min*, weiter oben mit Gesetzlosigkeit übersetzt.

112 Tib.: *chos dang mi lden*, wörtl.: denen, die ohne Dharma sind.

113 Menschenfressende Dämonen.

114 Tib.: *chos dang mi lden, chos min*, wörtl.: ist ohne Dharma, wenn er auf der Seite des Nicht-Dharma steht.

115 Siehe Anmerkung 76 im Kapitel über die Vier Großen Könige.

116 Tib.: *spyod yul*, Aktivitätsbereich, Sphäre der Aktivität. Hier in der Regel mit „Sphäre des Wirkens" übersetzt.

117 Tib.: *rin chen chu*: Es könnte sich auch um Juwelenwasser oder Juwelen und Wasser handeln.

118 Die Darbringung eines Maṇḍala, das heißt, die geistige Hingabe aller persönlichen Besitztümer, des gesamten Universums in Form von Berg Meru, seinen vier Kontinenten, Sonne und Mond, angefüllt mit Gütern und Reichtümern, um die unbezahlbare Lehre des Buddha zu erhalten und zum Dank, sie erhalten zu haben, bringt die Wertschätzung zum Ausdruck, die der Lehre entgegengebracht wird. Fehlt diese, so kann die beste Lehre keine Ergebnisse hervorbringen, in je größerem Umfange sie

jedoch vorhanden ist und je größer die Bereitschaft, alles andere um der Lehre willen aufzugeben, desto hervorragender werden die Ergebnisse sein.

119 *Indra.*

120 Tib.: *chos (kyi) dbyings*, wörtl.: die „Sphäre des Dharma", womit der höchste Dharma, die Leerheit [von inhärenter Existenzl gemeint ist.

121 Tib.: *mchod rten*, skt.: *Stūpa*, Reliquienschrein, der das Bewusstsein eines Buddha symbolisiert.

122 Glück im Sinne von gutem Geschick.

123 Magische Emanationen.

124 Die zehn beziehungsweise elf gebräuchlichen Synonyme für den Buddha sind: 1. *Tathāgata*, 2. *Arhat*, 3. *Samyaksaṃbuddha*, 4. *Vidyācaraṇasaṃpanna*, 5. *Sugata*, 6. *Lokavid*, 7. *Anuttara*, 8. *Puruṣadamyasārathi*, 9. *Śāstā devamanuṣyānām*, 10. *Buddha*, 11. *Bhagavan*, ein zur Soheit Gegangener, ein Zerstörer des Feindes [der Leidenschaften], ein vollkommen und vollständig Erleuchteter, ein Vollkommener in Wissen und [rechtem] Verhalten, ein zur Seligkeit Gegangener, ein Kenner der Welt, ein Höchster Lenker menschlicher Wesen, die zu zähmen sind, Lehrer der Götter und Menschen, ein Erwachter, ein Erhabener. Weil „Allerhöchster" (*Anuttara*) und „Lenker der Wesen, die zu zähmen sind" (*Puruṣadamyasārathi*) auch als eine Bezeichnung zusammengefasst werden, kann die Anzahl der Synonyme zehn oder elf sein (J. Nobel, S. 266).

125 Tib.: *tshe'i rig byed* , skt.: *Aṣṭāṅga-āyurvaidyatantra*, „Wissenschaft vom Leben".

126 Bei J. Revert „Astrologie".

127 Tib.: *dbang po* – im Allgemeinen „Sinneskräfte".

128 Tib.: „jemand oder etwas, das Wasser herabkommen lässt" – Synonym für „Wolke".

129 Die Übungen eines Bodhisattva sind die Sechs Vollkommenheiten und die Vier Phänomene der Bildung von Gemeinschaft.

130 Es soll angemerkt sein, dass es sich bei der „Beendigung von Bewusstsein" nur um die Beendigung bestimmter Anlagen im Bewusstsein handelt, die durch das zweite Glied des Abhängigen Entstehens, „Gestaltende Tat", im Geist hinterlassen wurden und verantwortlich sind für nachfolgende Wiedergeburten im Daseinskreislauf. Bewusstsein

im Sinne der klaren erkennenden Natur des Geistes hat nach Auffassung des Mahāyāna kein Ende und besteht auch auf der Ebene der Buddhaschaft weiter.

131 Mit „Beendigung von Existenz" ist ebenfalls nicht etwa gemeint, dass, wer Unwissenheit überwunden und Nirvāṇa erlangt hat, aufhört zu existieren. Die Beendigung des zehnten Gliedes in der Kette des Abhängigen Entstehens bedeutet eine Beendigung von Wiedergeburten, das heißt Existenzen im Daseinskreislauf, unter dem Einfluss der beiden Glieder acht und neun des Abhängigen Entstehens, Verlangen und Ergreifen. Die Existenz eines Lebewesens im Sinne des Fortbestehens des geistigen Kontinuums und der Person, die in Abhängigkeit von diesem Kontinuum zugeschrieben ist, hat auch nach der Befreiung aus dem Daseinskreislauf und nach Erlangen der Buddhaschaft kein Ende.

132 Die *fünf Objekte*, die im Bereich der Sinne oder Begierdebereich als anziehend empfunden werden: 1. schöne Formen und Farben, 2. Klänge, 3. Gerüche, 4. Geschmäcker und 5. angenehme Berührungen.

133 Tib.: *snying po*, Quintessenz, Wesenskern, Herz, Inbegriff.

134 Tib.: *dran pa*, auch Vergegenwärtigung, Achtsamkeit.

135 Eines der 80 Nebenmerkmale des Buddha, das daher rührt, dass er den Dharma lehrt, der eine Ursache für das Wohlbefinden anderer ist.

136 Eines der 32 Hauptmerkmale des Buddha, das daher rührt, dass er in der Vergangenheit seine Lehrer willkommen geheißen und verabschiedet und ihnen Diener und Bedienung dargeboten hat.

137 Tib.: *don*, die ganze Bedeutung ist im Deutschen schwer wiederzugeben, am ehesten eine Mischung aus *Inhalt, Bedeutung, Sinn, Ziel*.

138 Alle Klagen sind im Tibetischen mit dem gleichen Attribut versehen, *snying rje*. Sie wurden hier abwechselnd als *bedauernswert, jämmerlich, jammervoll, Mitleid erregend, erbarmungswürdig, herzzerreißend, herzergreifend, schmerzerfüllt, gequält* wiedergegeben, um Einförmigkeit im Ausdruck zu vermeiden. Es handelt sich dabei jedoch inhaltlich immer um die gleiche Idee.

139 Tib.: *rgod pa'mig*, wörtlich: „mit rastlosen Augen".

140 Seine Stimme ist wie Donnerhall, weil er weder Furcht noch Zweifel darüber hegt, ob er etwa Fehler zu verbergen hätte.

141 So wie der Körper des Buddha 112 erhabene Merkmale trägt, so hat seine Rede 60 beziehungsweise 64 melodische Qualitäten, wie die, mit einem einzigen Wort allen Anwesenden verschiedene Belehrungen gemäß ihrer Neigung und ihrem Verständnis zu geben.

142 Indischer Kuckuck, lt. J. Nobel am ehesten der Nachtigall in der abendländischen Lyrik vergleichbar.

143 Tib.: *dam pa'i don rnams*, höchste Bedeutungen, Inhalte.

144 Tib.: *ting [nge] 'dzin*, skt.: *Samādhi*, Konzentration, meditative Festigung.

145 Die 80 Nebenmerkmale des Buddha.

146 Dieses Merkmal ist ein Zeichen dafür, dass der Buddha in der Vergangenheit Respekt und Lob für alle Wesen geübt und in drei zahllosen großen Weltzeitaltern nur die Wahrheit gesprochen hat.

147 „Wissen von Existenz und Nicht-Existenz" könnte sich auf den Mittleren Weg zwischen den Extremen von (inhärenter- oder Eigen-) Existenz und (vollständiger) Nicht-Existenz beziehen oder auf das Wissen um alle Phänomene in Zyklischer Existenz, Saṃsāra und Nicht-Zyklischer-Existenz, Nirvāṇa. In jedem Fall hat der Buddha beides.

148 Tib.: *spyod yul*; wird auch als Sphäre der Aktivität, Aktivitätsbereich oder Sphäre des Wirkens übersetzt.

149 Man sagt, das Erscheinen eines Buddha in der Welt sei so selten wie eine Uḍumbara-Blume. Diese Blume entsteht, wenn der Buddha in den Mutterleib eintritt. Wenn er geboren wird, bildet sich eine Knospe. Wenn er die Ordination nimmt, beginnt sie zu blühen. Wenn er zur Buddhaschaft erwacht und sein Dharmagefolge ihn umringt, öffnet sie sich ganz weit, und wenn er in Nirvāṇa eingeht, altert sie und vergeht. Somit sind das Erscheinen eines Buddha und das Erscheinen einer Uḍumbara-Blume aneinander gebunden und gleich selten. (Siehe *Akhu Sherab Gyatso, Unterweisungen des Schutzherrn Akshobya, Hrsg. S.E. L.S.Dagyab Rinpoche und Dr. C. Weisshaar-Günter, Chödzong-Verlag, 2002.*)

150 „Zweibeinige" sind Menschen im Allgemeinen, und die Erhabensten unter ihnen sind die Buddhas.

151 Tib.: *'dren pa*: an anderer Stelle übersetzt mit „Der den Weg weist" im Sinne von jemandem, der Wesen den Weg aus Saṃsāra hinaus weist.

152 Tib.: *'dren pa*: vorher mit „Retter" übersetzt im Sinne von jemandem, der Wesen aus Saṃsāra errettet.

Der Diamant Verlag

ist Mitglied in der Stiftung zur Erhaltung der Mahāyāna-Tradition (FPMT), einem Zusammenschluss von etwa 140 Meditations-, Studien- und Klausurzentren rund um den Erdball, die unter der Leitung von Lama Thubten Zopa Rinpoche stehen.

Falls Sie Interesse an den Lehren von Lama Thubten Yeshe und Lama Thubten Zopa Rinpoche haben, können Sie sich an eines der FPMT-Zentren wenden. Deutschsprachige Kurse gibt es in folgenden Zentren:

Aryatara Institut
Barerstr. 70/Rgb.
D-80799 München
www.aryatara.de

Meditationshaus Kushi Ling
Laghel 19
I-38062 Arco/Tn.
www.kushi-ling.com

Longku Zopa Gyu
Zentrum für Buddhismus
Reiterstr. 2
CH-3013 Bern
www.zentrumfuerbuddhismus.ch/fpmt

Panchen Losang Chogyen
Naafgasse 18
A-1180 Wien

Informationen über die weltweite Organisation:
www.fpmt-europe.org

Weitere Titel aus dem Verlagsprogramm

Berzin Alexander, ***Den Alltag meistern wie ein Buddha***

Dalai Lama, ***Der Stufenweg zu Klarheit, Güte und Weisheit***

Dalai Lama, ***Die Lampe auf dem Weg***

Dalai Lama, ***Ein menschlicher Weg zum Weltfrieden***

Dalai Lama, ***Mögen alle Wesen glücklich sein***

Gen Lamrimpa, ***Kalachakra. Die drei Zyklen der Zeit***

Geshe Jampa Tegchok, ***Leerheit und Abhängiges Entstehen***

Geshe Thubten Ngawang, ***Mit allem verbunden***

Geshe Yeshe Tobden, ***Der Weg des sanften Kriegers***

Khunu Lama Tenzin Gyaltsen, ***Allen Freund sein***

Ladner Lorne, ***Die verlorene Kunst des Mitgefühls***

Lama Yeshe, ***Der Buddha des Mitgefühls***

Lama Yeshe, ***Die Grüne Tara. Weibliche Weisheit***

Lama Yeshe, ***Inneres Feuer***

Lama Yeshe, Lama Zopa u. a., ***Heilung. Tibetische Lehren und Übungen***

Lama Yeshe, ***Vajrasattva. Heilung und Transformation im tibetischen Tantra***

Lama Yeshe, ***Wege zur Glückseligkeit. Einführung in Tantra***

Lama Zopa Rinpoche, ***Herzensrat eines tibetischen Meisters***

Lama Zopa Rinpoche, ***Probleme umwandeln***

Lama Zopa Rinpoche, ***Mitgefühl. Heilkraft für Geist und Körper***

Landaw John, Weber Andy, ***Bilder des Erwachens. Tibetische Kunst als innere Erfahrung***

Landaw Jonathan, ***Prinz Siddharta, das Leben des Buddha***

Mackenzie Vicki, ***Die Wiedergeburt. Ein tibetischer Lama kehrt zurück***

Mackenzie Vicki, ***Im Westen wiedergeboren***

McDonald Kathleen, ***Wege zur Meditation. Eine praktische Anleitung***

Pabongka Rinpoche, ***Befreiung in unseren Händen, Band 1***

Pabongka Rinpoche, ***Befreiung in unseren Händen, Band 2***

Schweiberer Birgit (Hrsg.), ***Sūtra vom Goldenen Licht***

Tsongkhapa, ***Der mittlere Stufenweg***

Auslieferung:

Herold Verlagsauslieferung

Raiffeisenallee 10

82041 Oberhaching/München